BRIGITTE WILMES-MIELENHAUSEN

Sprache erleben in der Krippe

HERDER
FREIBURG · BASEL · WIEN

MIX
Papier | Fördert gute Waldnutzung
FSC® C010798

Völlig überarbeitete Neuausgabe von *Schlauzwerge – plappern, fragen, erzählen. Sprachförderung in der Krippe* 2023

www.herder.de

Umschlaggestaltung: Stefan Weigand
Illustrationen auf dem Cover: © TopVectors – GettyImages
Illustrationen im Innenteil: © GraphicsRF – Adobe Stock
Fotos im Innenteil: S. 5: © Osana Kuzmina – Shutterstock; S. 13: © fizkes – Shutterstock; S. 28: © PIKSEL – GettyImages; S. 41: © elisabetta figus – Adobe Stock; S. 45: © Mareike Völkel; S. 49: © Nicola Katie – GettyImages; S. 56: © ORION PRODUCTIONS – Shutterstock; S. 71: (l.) © Cultura Creative – Adobe Stock, (r.) © Yana Tikhonova – GettyImages; S. 73: © lagom – Adobe Stock; S. 88: © Gewoldi – Adobe Stock

Satz und Gestaltung: Sabine Ufer

Herstellung: Graspo CZ, Zlín
Printed in the Czech Republic

ISBN Print 978-3-451-39642-7
ISBN E-Book (PDF) 978-3-451-83093-8
ISBN E-Book (EPUB) 978-3-451-83094-5

Inhalt

Sprache, Schlüssel zur Welt

Sprache wirkt wie ein „Schlüssel zur Welt". Sie ist das Mittel, um Dinge und Vorgänge zu benennen und zu beschreiben und sich mit anderen Menschen zu verständigen. Über Sprache lassen sich Wünsche, Bedürfnisse und Gefühle äußern, Probleme und Konflikte ansprechen und lösen. Sprache ist wichtig für die Lebensgestaltung und ein wichtiger Baustein für Lernen und Wissenserwerb.

Der Sprach-Bildungsauftrag von Krippen und Kitas ist in allen Kita-Gesetzen der Bundesländer verankert. Ein Kind, das in der Lage ist, sich sprachlich (in der Mehrheitssprache) auszudrücken, wird nicht nur mit seiner Umwelt kommunizieren, sondern es wird später in der Regel ohne größere Schwierigkeiten das Lesen und Schreiben lernen und in der Schule erfolgreich sein können.

Sprachförderung – schon bei den Allerkleinsten – hat deshalb von Anfang an einen hohen Stellenwert. Dies gilt besonders für Kinder, die aus bildungsfernen Schichten stammen bzw. einen Migrationshintergrund mitbringen. Maßnahmen zur Sprachförderung von Kindern dienen der Integration, der sozialen Gerechtigkeit und der Chancengleichheit.

Sensible Phase für den Spracherwerb

Kinder sind genetisch auf Sprache und Sprechen angelegt. Das günstigste Zeitfenster für den Erwerb von Sprache liegt vor der Einschulung, also im Krippen- bzw. Kita-Alter. Dabei können sich Mädchen und Jungen in den ersten Lebensjahren sprachliche Strukturen meist spielerisch leicht aneignen.

Angefangen von ersten Lauten des Babys (schreien, lallen), über Ein-Wort- („Ball“) und Zwei-Wort-Sätze („Mama Ball“), spricht das Kind schließlich in Mehrwort-Sätzen („Papa holt den Ball“), wobei zusehends grammatikalische Strukturen erfasst und Regeln angewendet werden.

Im ersten Fragealter – um das zweite Lebensjahr – wollen sie die Namen von Dingen wissen („heißt das?“). Im zweiten Fragealter – um das dritte Lebensjahr – werden vermehrt „Warum-Fragen“ gestellt („Warum ist … der Himmel blau?“). Mit circa fünf Jahren sind die grundlegenden Strukturen der sprachlichen Entwicklung abgeschlossen.

Individuelles Tempo der Sprachentwicklung

Bei der Sprachentwicklung gibt es nicht das „Normalkind“, sondern eine enorme Spannbreite im Hinblick auf das Tempo und den individuellen Spracherwerbs-Stil. Als „Late Talker“ werden Kinder bezeichnet, die relativ spät mit dem Sprechen beginnen und deren Wortschatz mit 24 Monaten weniger als 50 Wörter umfasst. Etwa die Hälfte holt den Rückstand von alleine auf. Die anderen benötigen eine spezielle Förderung. Defizite in der Artikulation sind oft entwicklungsbedingt. Wenn grobe Aussprachefehler aber auch noch bei Fünf- oder Sechsjährigen vorliegen, sollte eine Fachkraft (Logopädin/Logopäde) hinzugezogen werden.

Den Spracherwerb professionell begleiten

Alle Prozesse zum Spracherwerb sind Teil der kindlichen Gesamtentwicklung. Begleitung und Förderung des Spracherwerbs von Kleinkindern braucht kein besonderes Programm, sondern beruht auf Zuwendung und Dialog im Rahmen der alltäglichen Bildung, Erziehung und Betreuung.

- Sprechen Sie von Anfang an in vollständigen, grammatisch richtigen und kurzen Sätzen. Wählen Sie Worte und Tempo nach dem Verständnis der Kinder. Die Artikulation sollte deutlich sein.
- Hören Sie mit Geduld und Ruhe zu. Kinder benötigen oft Zeit, bis sie ein Wort oder einen Satz geäußert haben.
- *Alltagsintegrierte Sprachförderung* gibt Kindern einen fast beiläufigen „Sprach-Input". Dabei geht es darum, Routine-Situationen, geplante Angebote und freie Spiel-Situationen (Freispiel) für die sprachliche Kommunikation zu nutzen.
- Schaffen Sie in der Gruppe ein Klima der Sicherheit und Geborgenheit. Beobachten Sie die Signale des Kindes und reagieren Sie prompt und angemessen darauf (Responsivität).

Impulse und Ideen für die Sprachpraxis

In diesem Band finden Sie ...

- Anregungen für zugewandte Dialoge in Alltagssituationen → **Kapitel 1**
- Kunterbunte Ideen für die Gestaltung von Ritualen, die wiederkehrenden Situationen im Alltag einen verlässlichen Rahmen geben → **Kapitel 2**
- Sinnenreiche Spielideen zum Lauschen, Pusten und Plappern → **Kapitel 3**
- Verse, Kniereiter und Fingerspiele, die die Freude an der Sprache und am Sprechen fördern → **Kapitel 4**
- Leicht umsetzbare Ideen, die zeigen, wie Geschichten und Bilderbücher zum Betrachten und Erzählen anregen, sodass eine frühe Gesprächs-Kultur entstehen kann → **Kapitel 5**
- Impulse für Rollenspiele, die die Kinder anregen, verbal Kontakte zu knüpfen → **Kapitel 6**

Ich wünsche den pädagogischen Fachkräften und vor allem den Kindern viel Freude beim Zuhören, Sprechen, Experimentieren mit Sprache!

Brigitte Wilmes-Mielenhausen

Kapitel 1

Von Anfang an im Dialog – Mimik, Gestik, Stimme und Gefühle

Soziale Beziehungen sind ein wichtiger Motor für die Sprachentwicklung: Interaktionen mit den Bezugspersonen in Alltagssituationen, bei der Versorgung und Pflege, bieten frühe Spracherfahrungen. Dabei ist nonverbale Kommunikation bei Kleinkindern lange Zeit vorherrschend. Das Kind spricht über seinen Körper mit Mimik, Gestik, Körperhaltung, Körperspannung, Klang der Stimme, aber auch über Schweigen.

Kurz & knapp

Baby-Talk

Erwachsene und sogar Kinder fallen in eine Art „Singsang", wenn sie zu Babys sprechen. Sprachwissenschaftler nennen diese intuitive Art des Sprechens Baby-Talk (auch „Motherese" oder „Ammensprache"). So schrauben z. B. Erwachsene im Umgang mit Babys intuitiv ihre Stimmlage hoch, sprechen melodisch, betont, langsam und deutlich, wiederholen Wörter und Silben. Situativ kann diese Form der Ansprache vom Kind ideal aufgenommen und verarbeitet werden. Sie sollte jedoch nicht zur durchgängig üblichen Form der Ansprache werden, denn sie verniedlicht die Kinder und läuft Gefahr, sie in ihren Äußerungen und Interessen nicht ernst zu nehmen.

„La-la-la"– Kleine Unterhaltung

Alter:
ab ½

Material:
–

Die Idee: Wer Babys beobachtet, stellt fest, dass sie von sich aus Silben, Laute und Laut-Verdoppelungen von sich geben. Diese spielerische Laut- und Silbenbildung dient dem Training der Sprechorgane. Hier findet sich Gelegenheit, mit dem Baby aktiv zu kommunizieren und mit ihm in einen spielerischen Dialog zu kommen (z. B. auf dem Wickeltisch oder beim Anziehen). Erste kleine Zwiegespräche zwischen Kind und Bezugsperson entstehen, wenn das Kind wach, zufrieden und aufmerksam ist und sich emotional angesprochen fühlt.

Spielimpuls:

- Setzen oder stellen Sie sich so vor das Baby, dass es Ihr Gesicht beobachten kann. Wiederholen Sie die Laute/Silben, die das Kind von sich gibt. Vielleicht entsteht eine wechselseitige Unterhaltung. Wiederholen Sie z. B. „da-da-da" ... Sie können die Silben auch erweitern, variieren, mit einfachen Wörtern und Fragen verbinden: „Ja wo ist denn da-da-da?"

Halli-Hallo

Alter:
ab ½

Material:
–

Die Idee: Blicke, Berührungen, Bewegung und Sprache wirken in den ersten Dialogen zusammen. Das Kind nimmt die gesamte Situation wahr – besonders die Stimmung, die mitschwingenden Gefühle.

Spielimpuls:

- Lagern Sie das Baby so, dass es die anderen Kinder beim Spielen beobachten kann. Wenn Sie das Kind auf dem Arm tragen, dann gehen Sie so durch den Raum, dass es den anderen Kindern zugewandt ist. Vielleicht „besuchen" Sie gemeinsam mit dem Baby die älteren Kinder (z. B. in der Bauecke, in der Puppenecke …) und schauen ihnen beim Spielen zu. Sagen Sie den anderen Kindern „Hallo", und lassen Sie auch die anderen Kinder mit dem Baby sprechen. Intuitiv werden Sie und auch die anderen Kinder in der richtigen Tonlage reden und die passende Satzmelodie wählen.

PRAXISTIPP

DIE SPRACHE DER GEFÜHLE

Bereits im ersten Lebensjahr reagiert ein Kind betroffen, wenn ein anderes Kind weint. Hier handelt sich um emotionales „Mitschwingen", eine frühe Form von „Mitgefühl". Spiegeln Sie dem Kind Gefühle, indem Sie z. B. selber traurig gucken/sprechen, wenn das Kind traurig ist oder selber mitlachen, wenn das Kind lacht.

„Is das?" – Spiele mit Zeige-Gesten

Alter:
ab 1

Material:
interessante Spielzeuge/ Gegenstände

Die Idee: Etwa ab dem 12. Monat kann sich die Aufmerksamkeit im Dialog zwischen Kind und Erwachsenem auf etwas Drittes richten, beispielsweise einen Gegenstand. Das ist ein entscheidender Schritt in der Sprachentwicklung: Das Kind erlebt, dass sich Sprache auf Dinge in der Welt bezieht.

Spielimpulse:

- „Wo ist ... der Ball?", fragt der Erwachsene. Oft antwortet das Kind mit einer Geste. Es zeigt auf den Ball (ohne Worte).
- Manchmal verwenden Kinder von sich aus „Zeige-Gesten". Sie zeigen auf etwas und wollen die Bezeichnung des Gegenstands wissen („is das?"), oder sie kennen das Wort und versuchen, es auszusprechen („tut-tut", „Audo"). Vielleicht sagen Sie klar und deutlich „Auto" und knüpfen gleich ein kleines „Hol-Spiel" an. „Hol mir (bitte) das Auto!" Schon gegen Ende des 1. Lebensjahres suchen Kinder nach einem Gegenstand, wenn man ihn benennt.
- *Variation:* Solche Wunsch- oder Hol-Spiele können Sie auch mit älteren Kindern spielen, z. B. im Stuhlkreis. Hier geht es darum, Gegenstände, die im Raum zu sehen sind, nach Aufforderung in den Kreis hineinzuholen und in die Mitte zu legen.

Wahrnehmen und nachahmen

Alter:
ab ½

Material:
Für die Variation:
Großer Wandspiegel

Die Idee: In diesen frühen Dialogen gewinnt das Kind vor allem aus der Mimik und der Körpersprache des Erwachsenen wichtige Informationen über die Bewertung eines Gefühls oder einer Situation. Freude, Trauer oder Freundlichkeit? Welche Botschaften gehen davon aus?

Spielimpulse:

- Beobachten Sie die Signale des Kindes aufmerksam und erspüren Sie, was es ihnen sagen möchte. Ahmen sie den Gesichtsausdruck des Babys nach, werden Sie zum Spiegel für das Kind und fördern Sie damit seine sozial-kommunikative Entwicklung.
- Umgekehrt können auch Sie dem Kind etwas vormachen. Die meisten Babys beobachten aufmerksam, was ihr Gegenüber tut, und ahmen Mimik und Gestik nach.
- *Variation:* Setzen Sie sich mit mehreren Kindern vor einen Spiegel. Machen Sie unterschiedliche Bewegungen vor dem Spiegel oder schneiden Sie Grimassen.
  Sprechen Sie mit dem Spiegelbild, sodass die Kinder Gesichtsausdruck und Mundbewegungen beobachten und eventuell nachahmen können.

Tipp:

Auch Verse, Fingerspiele und Bewegungslieder können vor einem Spiegel gesungen und gespielt werden.

Fort-da-Spiele

Alter:
ab 1½

Material:
Tuch, Spielzeug

Die Idee: Dinge existieren weiter, auch wenn sie gerade nicht sichtbar sind: Diese kognitive Fähigkeit, die sogenannte Objektpermanenz, entwickeln Kinder im Laufe des ersten Lebensjahrs. Sie erproben ausdauernd und mit großer Freude, wie es ist, wenn Gegenstände verschwinden und wieder auftauchen. Auch sich selber zu verstecken ist schon bei den Kleinsten beliebt.

Spielimpulse:

- Verstecken Sie ein Spielzeug (z. B. einen Ball) unter einem Tuch. Ziehen Sie anschließend das Tuch wieder weg und sagen: „Ball" oder: „Da ist der Ball". Wiederholen Sie das Spiel mehrfach. Manche Kinder sagen jetzt von sich aus „Ball" oder „daaaaa" und freuen sich über das hervorgezauberte Spielzeug.
- Legen Sie das Tuch über verschiedene Körperteile („Wo ist der Fuß?" „Da ist der Fuß!" ... „Wo ist die Hand?").
- Lassen Sie eine kleine Stoffmaus, einen Hund o. Ä. umherlaufen. Die Kinder beobachten die Bewegung des Tiers. Schließlich schlüpft es unter eine Spielzeugkiste. Lassen Sie die Kinder die Maus befreien: „Da ist die Maus!"
- Verstecken Sie nun ein Spielzeug, ohne dass die Kinder gesehen haben, wohin Sie es legen. Fragen Sie z. B. „Wo ist der Teddy?" Lassen Sie die Kinder danach suchen.
- Auch ein Kind kann sich im Raum verstecken (hinter einem Möbelstück, in einem großen Karton) und wieder auftauchen.

WISSEN KOMPAKT

Sprachbegleitung/ Sprachbildung

Kleine Kinder sollten „in Sprache baden“. Reden Sie möglichst in vollständigen, grammatikalisch richtigen und kurzen Sätzen. Wählen Sie die Worte nach dem Verständnis des Kindes, ohne Verkürzungen oder Verniedlichungen zu gebrauchen. Sprechen Sie langsam und deutlich.
Versprachlichen Sie alltägliche Handlungen (z.B. „Jetzt decken wir den Tisch“). Durch Bilder und praktisches Tun prägen sich Wörter und Sätze besser ein. Natürlich müssen Sie nicht ununterbrochen alles kommentieren. Wenn Sie hin und wieder still beobachten und die Kinder „plappern“ lassen, gewinnen Sie wichtige Informationen über den Entwicklungsstand jedes einzelnen Kindes.
Hören Sie mit Geduld und Ruhe zu, besonders bei stillen und zurückhaltenden Kindern. Sie benötigen oft Zeit, bis sie ein Wort oder einen Satz „über die Lippen gebracht haben“.
Versuchen Sie nicht, die Gruppe mit Ihrer Stimme lautstark zu übertönen, wenn der Geräuschpegel ansteigt. Manchmal ist es besser, betont leise zu sprechen bzw. ein akustisches Signal (Gong, Spieluhr) zu verwenden, damit die Kinder leiser werden und zuhören.
Beantworten Sie alle Fragen der Kinder kurz und deutlich. Stellen Sie selbst Fragen, ohne den Kindern die Antwort in den Mund zu legen und sie zum Reden zu drängen.
Vermeiden Sie es, Kinder direkt auf sprachliche Fehler hinzuweisen. Wiederholen Sie das, was das Kind gesagt hat, in korrekter Form. Zum Beispiel: „Mimi haben“, sagt das Kind und deutet auf die Milch. Die Fachkraft wiederholt: „Du möchtest die Milch haben? Bitte schön!“ Diese Form der Antwort wird auch als „Korrektives Feedback“ bezeichnet (siehe S. 68).
Mit Hilfe von Beobachtungs- und Reflexionsbögen und mit Hilfe von Filmen und Tonaufzeichnungen können Sie die sprachliche Entwicklung der Kinder und Ihr eigenes Verhalten dokumentieren und reflektieren.

Frage-Antwort-Spiele

Alter:
ab 1½

Material:
Ball

Die Idee: Vielseitige Bewegungsanlässe fördern die Sprachentwicklung. Sprache basiert auf Handlungen. So spielt das Kind zuerst mit dem Ball und dann gebraucht es das Wort „Ball“ bzw. Begriffe, die Bewegungen ausdrücken („Ball rollt, springt“).

Spielimpulse:

- Ballspiel für die Kleinsten: Fragen Sie: „Wo ist der Ball?“ Dabei zeigen und rollen sie den Ball und sagen: „Hier kommt der Ball!“
- „Mu, mu, mu, wie heißt du?“ Zu dem Spruch rollen Sie einem Kind im Kreis den Ball zu und fragen nach seinem Namen. Der Ball geht reihum, bis alle ihren Namen gesagt haben.
- Stellen Sie eine einfache Frage aus dem Alltag der Kinder („Was isst du heute zum Frühstück?“). Wieder wird der Ball von Kind zu Kind gerollt. Das Kind, das den Ball mit seinen Händen aufgenommen hat, antwortet. Achten Sie darauf, dass Kinder nicht zur Antwort gedrängt werden. Unterstützen Sie das gefragte Kind ggf. bei der Wortfindung.

Tipp:

Der Ball ermöglicht einen Zugang zum Kind und dem Kind einen Zugang zur Sprache. Wie abwechslungsreich der Ball zur spielerischen Sprachförderung in unterschiedlichen Altersstufen genutzt werden kann, zeigt Renate Zimmer in: *Eine kleine Ballgrammatik. Spielerische Zugänge zur Sprache*, Verlag Herder, 2021.

Warum weint der Bär?

Alter:
ab 1 ½

Material:
Teddybär (Handpuppe), *Für die Variation:* Fotos von Gesichtern

Die Idee: Einfühlungsvermögen gegenüber anderen Menschen (Empathie) entwickelt sich dann am besten, wenn Bezugspersonen den Kindern einfühlsam begegnen und das Gruppenklima emotionale Wärme vermittelt. Zusätzlich können kleine Spiele die Wahrnehmung von Gefühlen unterstützen.

Spielimpulse:

- Spielen Sie mit einem Teddybären (oder einer Handpuppe) verschiedene Gefühlslagen: Lassen Sie den Teddy
  - → vor Freude lachen und springen,
  - → vor Schmerz weinen (weil er hingefallen ist),
  - → sich aus Angst verstecken,
  - → vor Hunger nach Essen suchen,
  - → vor Müdigkeit gähnen und quengeln,
  - → vor Wut stampfen …

  Beobachten Sie, wie die Kinder darauf reagieren. Vielleicht versuchen sie, den weinenden Teddy zu trösten, ihn ins Bett zu legen, ihn zu füttern oder ein Pflaster auf den „verletzten" Arm zu kleben.

- **Variation:** Mit älteren Kindern (im 3. Lebensjahr) betrachten Sie im Familienalbum oder in einer Portfolio-Mappe alte Kinderfotos bzw. Fotos von Familienmitgliedern.
  Weisen Sie auf Mimik/Gestik der Personen hin („da schaust du aber fröhlich, traurig …"). Auch Fotos in Bilderbüchern, auf Postern oder in Zeitschriften geben Gelegenheit, auf Mimik/Gestik der abgebildeten Personen hinzuweisen.

Kapitel 2

Von früh bis spät – Sprache fördern in Alltagssituationen

Im Krippenalltag wiederholen sich bestimmte Abläufe zu bestimmten Zeiten immer wieder. Auch Pflegesituationen wiederholen sich jeden Tag aufs Neue: wickeln, waschen, Zahne putzen, Einschlafritual, Mittagsruhe ...

Wiederkehrende Handlungen sind wichtige sinnliche Erfahrungsbereiche. Sie bieten alltägliche Rahmenbedingungen für situationsbezogene (sprachliche) Kommunikation und vermitteln ein Gefühl von Struktur, Sicherheit und Geborgenheit.

Winke-winke

Alter:
ab 1

Material:
–

Die Idee: Spontanes Winken ist ebenso wie das Klatschen eine häufige Ausdrucksform kleiner Kinder, etwa bei Begrüßung und Abschied. Auch im Sitzkreis können sich die Kinder in der Gruppe gegenseitig zuwinken.

Spielidee:

Hallo, hallo,	*Mit beiden Händen*
ich winke dir jetzt zu.	*gleichzeitig winken.*
Mal, soooo,	*Nur mit der rechten Hand,*
mal soooo,	*nur mit der linken Hand winken.*
denn winken	*Mit beiden Händen winken.*
macht mich froh.	

Tipp:

Jedes Kind sollte am Morgen persönlich begrüßt werden. Eine liebevolle Geste, ein kleiner Dialog (etwa: „Guten Morgen … Wie hast du geschlafen? Oh, du hast ja eine neue Mütze! Komm, wir sagen der Mama auf Wiedersehen …“) können den Abschied erleichtern.

Wer ist heute da?

Alter:
ab 1

Material:
Für die Variation:
Fotos der Kinder

Die Idee: Jedes einzelne Kind sollte am Morgen wahrgenommen und namentlich begrüßt werden.

Spielimpulse:

- Die Gruppe sitzt zusammen im Morgenkreis.

Ist die/der … (Name des Kindes) da? Ja, ja, ja, die/der … ist heut' da.	*Die Spielleitung singt oder spricht die Frage.*
Drum sind wir froh und singen so: Ja, ja, ja, die/der … ist heut' da.	*Die Kindergruppe antwortet und klatscht dazu.*

- **Hinweis:** Das jeweils begrüßte Kind kann aufstehen und sich im Kreis drehen, verbeugen, um den Sitzkreis herumflitzen usw.
- Wenn alle anwesenden Kinder begrüßt wurden, fragt die Spielleitung nach den Namen der Kinder, die heute *nicht* in der Gruppe sind.

Ist die/der … da? Nein, nein, nein … drum sind wir heut allein.	*Die Spielleitung fragt so lange, bis alle Abwesenden genannt wurden.*
	Zum Schluss wird hinzugefügt:
Doch bald, da ist sie/er (sind sie) wieder da, da rufen wir ganz laut Hurra!	*Alle rufen laut, klatschen, patschen oder stampfen mit den Füßen.*

- *Variation:* Die Spielleitung zeigt Fotos von den Kindern und fragt anhand der Fotos „Ist die/der … da?"

Unsere Uhr

Alter:
ab ½

Material:
Für die Variation: Schaukelstuhl, Decke, Hängematte oder Korb

Die Idee: Wiegenlieder klingen auf der ganzen Welt ähnlich. Die Melodien bestehen aus vielen Wiederholungen im gleichbleibend monotonen „Singsang". Verbunden mit ruhigen Schaukelbewegungen und Tragen wirken sie tröstend, beruhigend, einschläfernd. Hier nehmen Sprache, Melodie und Bewegung Einfluss auf die Gefühle des Kindes.

Spielimpuls:

- Das Kind sitzt auf dem Schoß der Bezugsperson oder wird durch den Raum getragen. Dabei wird es in gleichbleibendem Rhythmus gewiegt, während die Bezugsperson folgenden Vers spricht oder auf eine einfache Leiermelodie singt:

  Tick-tack, tick-tack,
  die große Uhr ist müd und schlapp.
  Tick-tack, tick-tack,
  ich schaukle dich ganz leis im Takt.

- *Variation:* Setzen Sie Sich mit dem Kind auf einen Schaukelstuhl oder schaukeln Sie das Kind in einer Decke (mit zwei Personen), in einer Hängematte oder im Korb.

Eine Windel für die Maus

Alter:
ab ½

Material:
Windel

Die Idee: Beim Wickeln ergibt sich für die Fachkraft die Chance, in einer Eins-zu-eins-Situation mit dem Kind zu interagieren und ganz individuell auf seine Äußerungen einzugehen.

Spielimpuls:

- Sprechen Sie den folgenden Vers, während Sie die Windel zur Hand nehmen und sie dem Kind umlegen. Bei „wickl-wackel" können Sie das Kind vorsichtig kitzeln/necken.

Eine Windel für die Maus,
eine Windel für die Laus.
Eine Windel für das Kind,
wickel-wackel ganz geschwind!

Radfahrer-Spiel

Alter:
ab ½

Material:
–

Die Idee: Ein Strampelspiel auf dem Wickeltisch mit nackten Beinen/Füßen.

Spielimpuls:

- Legen Sie Ihre Hände an die Fußsohlen des Kindes. Sprechen Sie den Text und drücken Sie die gebeugten Beine des Kindes abwechselnd gegen seinen Bauch.

Die Maus hat rote Strümpfe an,
damit sie besser radeln kann.
Sie radelt bis nach Dänemark,
denn Radeln macht die Waden stark.

Text: überliefert

Kitzel- und Massagespiele

Alter:
ab ½

Material:
–

Die Idee: Die Wickel-Situation ist ritualisiert, bietet aber dennoch Raum für kleine Spiele: Vielleicht ergibt sich ein „Neck-Spiel“, an dem beide Akteure Spaß haben.

Spielimpuls:

- Das Kind liegt auf dem Rücken auf der Wickelauflage (ältere Kinder sitzen). Wandern Sie mit Ihren Fingern aufwärts zu folgendem Vers:

Geht ein Mann die Treppe rauf,	*Von den Füßen des Kindes Richtung Kopf wandern.*
klopft an,	*Sanft an die Stirn klopfen,*
bimbam,	*am Ohr zupfen,*
guten Tag Herr Nasemann!	*auf die Nase stupsen.*

Text: überliefert

PRAXISTIPP

VON A–Z IN WÖRTERN BADEN

Die Fachkraft sollte dem Kind in der Pflegesituation – z. B. beim Wickeln – wertschätzend begegnen: alle Handgriffe ankündigen, die Handlungen sprachlich begleiten und das Kind in möglichst viele Handlungen einbeziehen. Das Kind lernt so, die Alltagssituation „Wickeln“ immer besser vorherzusehen. Abläufe, Gesten, Kern-Formulierungen, Berührungen sind festgelegt, sozusagen „ritualisiert“. Dies gibt dem Kind Orientierung und Sicherheit. Daneben sollte aber auch Spontaneität Raum haben. Die Situation ist bekannt und doch immer wieder neu. Sowohl vom Kind als auch vom Erwachsenen kommen Impulse (Responsivität). Wichtig: Die Situation sollte entspannt sein.

Händewaschen

Alter:
ab 1 ½

Material:
Kinderseife (Flüssigseife)

Die Idee: Hände waschen ist gar nicht so einfach, man muss es lernen. Werden die Regeln in ein einfaches kleines Lied „verpackt“, hilft das den Kindern, die Abläufe zu verinnerlichen.

Spielimpulse:

- Die Spielleitung geht mit den Kindern in den Waschraum. Der Wasserhahn wird aufgedreht und die Kinder halten ihre Hände unter das fließende Wasser. Dazu singen sie das Lied von den „schwimmenden Händen“.

Alle meine Hände schwimmen in dem See, schwimmen in dem See,	*Das Kind hält seine Hände unter das laufende Wasser und wäscht sie.*
tauchen einmal unter, fliegen in die Höh’.	*Nach dem Abspülen (Untertauchen) fliegen die Hände in „die Höhe“*

Melodie: Alle meine Entchen;
Text: überliefert

Dann nimmt sich jedes Kind sein Handtuch und trocknet die Hände ab.
Oder:

- Wir stellen uns zum Spaß einmal vor, dass kein Handtuch da ist. Der folgende Spruch fordert die Kinder dazu auf, die Hände auszuschütteln.

Hände waschen! Hände waschen! … Sind die Hände endlich sauber, ach! Da ist kein Handtuch da.	*Die Kinder waschen die Hände mit Wasser und Seife.*
Deshalb müssen wir sie schütteln, schütteln, schütteln, bis die Hände trocken sind.	*Sie schütteln die nassen Hände in der Luft mehrmals aus.*

Zähneputzen

Alter:
ab 2 ½

Material:
Kinderzahnbürsten, Zahnpasta, Zahnputz-Uhr (mit Klingelgeräusch), Zahnputz-Becher

Die Idee: Das Zähneputzen wird mit einem kleinen Lied zu einer leichten und vor allem lustigen Angelegenheit.

Spielimpulse:

- Verteilen Sie die Zahnbürsten und geben Sie jedem Kind ein wenig Zahnpasta darauf. Dann wird die Uhr auf 3 Minuten gestellt. Jetzt heißt es putzen, bis die Uhr klingelt.
  Die Spielleitung kommentiert die einzelnen Vorgänge. Sie singt dazu das Zahnputzlied nach der Melodie *Wer will fleißige Handwerker seh'n?* und führt die Bewegungen den Kindern pantomimisch vor.

Wer will saubere Zähne sehn, der muss mal zum Putzen gehn. Rundherum, rundherum, die Bürste, die wird gar nicht krumm.	*Bürste kreisen lassen.*
Wer will saubere Zähne sehn, der muss mal zum Putzen gehn. Auf und ab, auf und ab, die Bürste, die macht gar nicht schlapp.	*Bürste auf und ab (von oben nach unten) bewegen.*
Wer will saubere Zähne sehn, der muss mal zum Putzen gehn. Hin und her, hin und her, das Putzen fällt mir gar nicht schwer.	*Hin und her auf den Kauflächen putzen.*
Wer will saubere Zähne sehn, der muss mal zum Putzen gehn. Spüle fein, spüle fein, und jetzt spuck ich ins Waschbecken rein.	*Mund mit Wasser spülen und ins Becken spucken (Zahnputz-Becher). Nachspülen.*

Text: Brigitte Wilmes-Mielenhausen

Das große Anziehspiel

Alter:
ab 2 ½

Material:
Kleidungsstücke

Die Idee: Wenn alle Kinder vor dem Gang nach draußen gemeinsam an der Garderobe sind, wird dieses Spiel gespielt.

Spielimpulse:

- Die Spielleitung nennt ein Kleidungsstück, z.B. „Mütze". Die Kinder suchen schnell das genannte Teil, halten es hoch, winken damit der Erzieherin zu.
- *Variation:* Die Spielleitung fragt die Kinder: Wem gehört diese Jacke (Mütze, Schal usw.)? Dazu hebt sie das ausgewählte Kleidungsstück in die Höhe. Der Besitzer oder ein Kind, das weiß, wem das Kleidungsstück gehört, meldet sich und nimmt das Teil entgegen.

Schuhe wechseln

Alter:
ab 1 ½

Material:
–

Die Idee: Täglich wiederkehrende Hilfesituationen sind ein Anlass für kleine Sprachspiele, in denen das Kind individuell begleitet und unterstützt werden kann.

Spielimpuls:

- Das Kind sitzt auf der Garderoben-Bank. Je nach Alter kann es beim Aus- bzw. Anziehen der Schuhe mithelfen und den folgenden Reim (teilweise) mitsprechen.

Hu, hu, hu, das sind schöne Schuh. Doch die Füße wollen raus, aus ihrem viel zu engen Haus.	*Die Spielleitung „bewundert“ die Schuhe des Kindes. Sie zieht dem Kind den rechten und dann den linken Straßenschuh aus.*
Erst den rechten Schuh ausziehen, dann den linken … Kannst du mit den Füßen winken?	*Füße werden auf und ab bewegt.*
Hast du die Pantoffeln schon gesehn?	*Nach den Hausschuhen Ausschau halten.*
Sie müssen gleich dort drüben stehn. Und schau, Pantoffeln laufen schnell herbei, zu deinen Füßen eins, zwei, drei. Sie rufen:	*Die Hausschuhe nehmen, „herbeilaufen“ lassen.*
„Füße einsteigen, Pantoffeln zumachen!“ Und was dann?	*Das Kind steigt in die Hausschuhe, die Schuhe werden geschlossen.*
Füße laufen ganz geschwind, laufen schneller als der Wind.	*Möchte das Kind aufstehen und loslaufen?*

Text: Brigitte Wilmes-Mielenhausen

Die Bilder-Speisekarte

Alter:
ab 2

Material:
alte Kochbücher oder Zeitschriften, Bilder von essenden Kindern, Schere, Pappe, Klebstoff, Klarsichthüllen, Ordner,
Für die Variation: Bierdeckel

Die Idee: Mit einfachen Mitteln wecken Sie das Interesse der Kinder für Nahrungsmittel und Essen.

(Spiel)Impulse:

- Schneiden oder reißen Sie mit älteren Kindern Bilder von Nahrungsmitteln aus Zeitschriften aus, z. B. Apfel, Banane, Brötchen/Brot usw. Kleben Sie die Bilder auf Pappkarton und hängen sie die Abbildungen an die Wand.
- Heften Sie Fotos von essenden Kindern an die Wand, z. B. in der Nähe des Essplatzes. Ideal sind Fotos, die in der Kindergruppe selbst gemacht wurden.
- Fotografieren Sie hin und wieder zubereitetes Essen. Drucken Sie die Fotos auf ihrem PC aus, packen die Aufnahmen in Klarsichthüllen und heften die Hüllen in einen Ordner. Schon haben Sie eine „Speisekarte“, in der Kinder wie in einem Bilderbuch blättern. Dabei können sie sich an das Essen erinnern, erzählen, Wörter suchen.
- *Variation:* Wörterkartenspiel: Fotos von Nahrungsmitteln auf Bierdeckel kleben. Bierdeckel umgedreht auf den Tisch legen. Die Kinder können die Karten nacheinander aufdecken und den Begriff für das betreffende Nahrungsmittel nennen.

PRAXISTIPP

ESSEN, TRINKEN, SPRECHEN

Essen bedeutet nicht nur „satt werden“. Gemeinsames Essen stärkt die sozialen Bindungen und kann die Kommunikation in der Gruppe fördern. In einfachen Sätzen und unterstützt durch Mimik und Gestik verständigen sich alle am Tisch mit- und untereinander und üben sich in der Rolle des Gesprächspartners. Vielleicht äußern sich die Kinder über das Essen, vergleichen Nahrungsmittel, bezeichnen Geschirr/Besteck, erzählen wie nebenbei von Erlebnissen des Tages.

WISSEN KOMPAKT

Sprachentwicklung in den ersten drei Lebensjahren

Jedes Kind ist genetisch auf Sprache angelegt. In einer emotional ansprechenden, anregenden Umgebung gelingt daher der Spracherwerb in den meisten Fällen fast beiläufig im Alltag.
Kinder brauchen deshalb auch keinen „Sprechunterricht". Aufmerksam hören sie sich in die Sprachmelodie (Prosodie) ihrer Umgebungssprache ein. Aus einem permanenten, zunächst unverständlichen „Wortsalat" filtern sie einzelne Laute, Signalwörter und Strukturen heraus. Durch Nachahmen und Üben entwickelt sich Sprache.

Im ersten Lebensjahr

Die Sprachentwicklung beginnt mit dem Schreien und einfachen Lautäußerungen (Gurrlaute, Quietschen, Kreischen, Flüstern, Glucksen, Juchzen ...).
Etwa vom zweiten bzw. dritten Monat an produzieren Kinder rhythmische Lautketten (bababa, dadada, gegege ...). Gesunde Kinder „erzählen", wenn sie sich entspannt fühlen. Sie reihen alle Vokale und Konsonanten, die sie kennen, bunt aneinander bzw. bilden Doppelsilben (ma-ma, pa-pa, wa-wa), die allerdings noch keine Wortbedeutung im eigentlichen Sinne haben. Außerdem können die Kinder bereits:

- auf den eigenen Namen reagieren,
- auf Aufforderungen reagieren („Komm her"),
- Gesten nachahmen (z. B. „Winke-winke"),
- auf einen Gegenstand zeigen, den sie haben möchten (Zeigegesten),
- erkennen, dass ein Gegenstand weiter existiert, auch wenn er aus dem Wahrnehmungsfeld verschwunden ist (Objektpermanenz),
- einen triangulären Blickkontakt aufbauen. Hier richtet sich die kindliche Aufmerksamkeit auf die Bezugsperson und (gleichzeitig) auf einen Gegenstand, z. B. auf ein gemeinsam betrachtetes Bilderbuch,
- Zustimmung oder Ablehnung durch Nicken bzw. Kopfschütteln ausdrücken.

Gegen Ende des ersten Lebensjahres begreifen Kinder, dass Wörter für etwas stehen, dass sie einen Sinn haben. Aus Lallen wird Sprache, wenn das Kind eine Verbindung zwischen Wort und Inhalt herstellt.

Im zweiten Lebensjahr

Zunächst gebrauchen Kinder nur wenige Wörter/Substantive („Einwortsatz"). Manche Wörter werden für mehrere ähnliche Dinge eingesetzt. So steht „Wau-wau" z. B. sowohl für einen Hund als auch für eine Katze oder ein Pferd. Kleinkinder vereinfachen alterstypisch (z. B. „Lade" für Schokolade), lassen Laute aus („Löffe" für Löffel), verdoppeln Silben („Baba" für Ball) oder ersetzen Laute („Tu" für Schuh). Zwischen 1½ und 2 Jahren treten zunehmend Zweitwortäußerungen auf: „Mama ahm" (Mama, ich möchte auf den Arm), „Ball da" (der Ball liegt da).
Kleine Kinder sprechen zunächst vorwiegend Laute, die im vorderen Mundbereich gebildet werden (m, b, p, d, t, n, l ...). Später produzieren sie Laute, die weiter hinten entstehen (k, g ...) und zum Schluss – manchmal erst gegen Ende der Kindergartenzeit – werden Zischlaute (s, z ...) gebildet. Jetzt treten auch Negationen („Nicht schlafen") und erste Fragen auf, z. B.: „Is das?" (erstes Fragealter).
Im zweiten Lebensjahr beginnt ein „Wortschatzspurt", d. h. das Kind nimmt in kurzer Zeit sehr viele neue Wörter in seinen Wortschatz auf.

Im dritten Lebensjahr

Etwa im dritten Jahr sprechen Kinder Mehrwortsätze mit drei und mehr Wörtern. Die Sprache ist insgesamt noch telegrammstilartig. Es wird nur das Wichtige mitgeteilt. Mehrwortsätze weisen zunehmend grammatische Strukturen mit Subjekt, Prädikat, Objekt auf. Die Wortstellung weicht jedoch von der Sprache der Erwachsenen ab („Nane, gib mir", ...).
Es beginnt die Übergeneralisierung (Verallgemeinerung) grammatikalischer Regeln („ich denkte" statt ich dachte, „ausgeslaft" statt ausgeschlafen). Dabei zeigen Kinder, dass sie eigentlich grammatikalische Prinzipien verstanden haben.
Nun äußern viele Kinder auch erste Artikel (der, die, das), Personalpronomen (ich, du) – manche nennen sich selbst noch beim Vornamen –, Präpositionen (in, auf, unter), Adverbien (da, hier) und Possessivpronomen (mein, dein).

Individuelles Lerntempo

Manche Kinder sind ausgesprochen sprechfreudig und besitzen schon früh einen beachtlichen Wortschatz. Andere hingegen beginnen spät mit dem Sprechen bzw. artikulieren undeutlich oder verfügen nur über wenige Worte. Mit 1,5 bis 2 Jahren beherrschen die meisten Kinder 50 Wörter und mehr.

Stille, stille – jetzt will ich schlafen

Alter:
ab ½

Material:
–

Die Idee: Ein Vers zum Abschalten und zur Beruhigung vor dem Mittagsschlaf im Schlafraum oder in der Schlafecke:

Spielimpuls:

- Singen oder sprechen Sie betont leise. Legen Sie Ihren Finger auf den Mund, um „Schweigen" zu signalisieren.

Stille, stille, kein Geräusch gemacht.
Darum seid nur alle still,
weil ich jetzt gleich schlafen will.
Stille, stille, kein Geräusch gemacht.

Text: überliefert

Tipp:

Lassen Sie das Lied von einem Stofftier (Schlafbär) oder einer Handpuppe singen (Schlafkasper, Sandmännchen).

Wir sagen: „Auf Wiedersehn"

Alter:
ab 10 Monate

Material:
heller Gong o. Ä.

Die Idee: Kleine Verse oder Lieder markieren in einfachen Worten und Sätzen die Übergänge im Tagesablauf. Die Sprachmelodie macht einen klaren Anfang und ein klares Ende deutlich.

Spielimpuls:

- Vor dem Abholen sitzen oder stehen die Kinder im Kreis und spielen „Uhr". Singen oder sprechen Sie unten stehenden Text und schlagen Sie bei den markierten Textstellen auf einen Gong oder klatschen Sie einmal in die Hände.

Du Uhr schlägt **bum**,
die Zeit ist **um**.
Das Spiel ist **aus**.
Wir gehn nach **Haus**.
Auf Wiedersehn, auf Wiedersehn
(*Alle winken sich gegenseitig zu)*
wir müssen jetzt nach Hause gehn.
Die Uhr schlägt bum,
die Zeit ist um.

Tipp:
Das Ritual sollte der Auftakt für ein Abschiednehmen von der Bezugsperson in der Kita sein bzw. das Signal zur Übergabe des Kindes an seine Eltern.

Kapitel 3

Überall ist Sprache – Lauschen, pusten und plappern

Umwelt-Geräusche, Klänge von Gegenständen entdecken die Jüngsten mit großer Freude und trainieren dabei das Richtungshören. Beim Plappern, Lautieren und spontanem „Singsang" entdecken sie das lustvolle Spielen mit dem Rhythmus der Sprache und trainieren ganz nebenbei die Mundmotorik.

Tropf, tropf Wasserhahn

Alter:
ab 1 ½

Material:
Handtrommel,
Metallschüssel,
Wasserhahn

Die Idee: Der Spracherwerb baut auf vielfältigen Sinneserfahrungen auf. Besonders wichtig: das Hören.

Spielimpulse:

- Drehen Sie einen Wasserhahn so auf, dass er leicht tropft, und fangen Sie das Wasser in einer Metallschüssel auf. Alle Kinder lauschen dem tropfenden Wasserhahn.
- Anschließend spielen Sie das unten stehende Finger-Trommel-Spiel an einem Tisch oder auf dem Boden sitzend:

Tropf, tropf Wasserhahn,	*Regelmäßig auf die Trommel tippen.*
ich höre dir jetzt zu.	
Tropf, tropf, Wasserhahn,	
jetzt hab ich endlich Ruh.	*Trommelpause.*
Tropf, tropf Wasserhahn,	*Auf die Trommel tippen.*
du singst mir jetzt ein Lied.	*Einen beliebigen Rhythmus trommeln.*
Tropf, tropf, Wasserhahn,	
jetzt werd' ich still und müd'.	*Das Trommeln langsam beenden.*

Tipp:

Wenn keine Handtrommel zur Verfügung steht, kann auch auf den Tisch oder den Boden getrommelt werden.

Knistertüte oder Flüstertüte?

Alter:
ab 2½

Material:
knisternde Tüte,
Für die Variation:
Pappröhren

Die Idee: Jetzt heißt es Ohren aufsperren. Der Mund hat Pause. Ein kleines Spiel, um mit den Kindern das Richtungshören zu üben.

Spielimpulse:

- Knistern Sie mit einer Tüte. „Wo war das?“ Mal knistert es *unter* dem Tisch, mal *hinter* dem Schrank oder *unter* einem Tuch. Die Kinder zeigen auf die Geräuschquelle.
- *Variation:* Sprechen oder flüstern Sie durch eine Pappröhre zu den Kindern. Lassen Sie die Wörter von den Kindern wiederholen. Auch die Kinder selbst können durch die Röhre ein Geräusch machen oder etwas sagen.

Tipp:

Bei Hör-Spielen ist eine ruhige, gedämpfte Umgebung von Vorteil. Das Schließen der Augen erleichtert die Konzentration auf ein Geräusch bzw. seine Richtung. Bedeutsam ist auch das Interesse der Kinder. Deshalb sollten Hör-Spiele spannend sein, damit Kinder von sich aus leise werden und sich dem Spiel zuwenden.

Echo, wo bist du?

Alter:
ab 2½

Material:
Für die Variation: Kunststoff-Flasche mit breiter Öffnung, Trichter, Dose oder Pappröhre

Die Idee: Ein witziges Hör-Spiel, das gleichzeitig die Sprechfreude anregt.

Spielimpulse:

- Rufen Sie ein Wort in den Raum. Die Kinder spielen das Echo und rufen in der Gruppe zurück, z. B. Spielleitung: „Felix!“ – Echo (Kinder): „FELIX!“ Spielleitung: „Auto!“ – Echo (Kinder): „AUTO!“
  Vielleicht wählen Sie Wörter, die gerade in der Gruppe bedeutsam sind, z. B. „Regen“, weil es gerade regnet oder „Frühstück“, wenn bald Frühstückszeit ist.
- *Variation:* Rufen Sie in eine Flasche mit breiter Öffnung, einen Trichter, eine Dose oder Pappröhre hinein.

Tipp:

Es kann hilfreich sein, das Kinder-Echo durch einen zweiten Erwachsenen oder ein älteres Kind zu unterstützen.

Der Mund ist zu

Alter:
ab 1 ½

Material:
–

Die Idee: In diesem Spiel lernen die Kinder, ihren Mund zu lokalisieren, ihn kurz mit den Händen zu verschließen und mit den Ohren zu lauschen.

Spielimpuls:

- Die Kinder sitzen gemeinsam mit der Erzieherin im Kreis und bewegen sich dem Text entsprechend. Ältere Kinder können die Verse auch mitsprechen.

Mu, mu, mu, der Mund ist zuuuuuu!	*Sich mit Daumen und Zeigefinger den Mund zuhalten.* *Kurze Pause.*
Ei, ei, ei, der Mund ist frei!	*Die Finger vom Mund nehmen und ihn öffnen.*

Tipp:

Dieses Spiel kann für Stille im Raum sorgen, eine wichtige Voraussetzung für Hören, Sprechen und Musizieren.

Riesen-Ohren

Alter:
ab 2 ½

Material:
–

Die Idee: Das kleine Spiel regt die Kinder zu Lautmalereien an und macht auf spielerische Weise die Unterschiede zwischen Lauschen, Sprechen und Schweigen erlebbar.

Spielimpuls:

- Die Kinder sitzen im Stuhlkreis oder auf dem Boden. Sie sprechen den Text mit bzw. machen Stimm-Geräusche. An der passenden Stelle wird geschwiegen und gelauscht.

Wo sind denn meine Ohren?	*Sich umschauen.*
Ach, da sind sie!	*Beide Hände an die Ohren legen.*
Ich dachte schon, hab' sie verloren.	
Jetzt mach' ich beide Ohren riesengroß.	*Hände schalenförmig hinter die Ohren legen.*
Ich hör' die Biene summen,	*Summen.*
ich hör' den Wind,	*Pusten.*
ich hör' den Vogel,	*Piepsen.*
Was hör' ich noch? Ich bin ganz still!	*Eine Hand ans Ohr legen und lauschen.*
Ja, meine Ohren riesengroß,	*Hände schalenförmig hinter die Ohren legen.*
die hören jede Katze,	*Miauen.*
die hören jede Maus,	*Leise piepsen.*
die huscht durch unser Haus.	

Tipp:

Machen Sie nach jedem Geräusch eine Pause. Sie können statt Biene oder Wind auch andere Geräusche einbauen, die den Kindern vertraut sind.

Trommel-Spaziergang

Alter:
ab 2 ½

Material:
Handtrommel

Die Idee: Ein kleines Spiel, das die für den Spracherwerb wichtige Vernetzung der Sinne fördert: hören – sehen – bewegen.

Spielimpulse:

- Zunächst lassen Sie die Kinder durcheinander im Raum umhergehen. Dann schlagen sie einmal kräftig auf eine Handtrommel.
  Dieses Signal bedeutet: „Ganz schnell auf die Erde setzen." Wiederholen Sie dieses Spiel mehrmals, sodass sich die Kinder daran gewöhnen, auf ein Signal zu lauschen und rasch zu reagieren.
- *Variation:* Ersetzen Sie die Trommel als Signal durch „Signal-Wörter". Sagen Sie z. B. laut und deutlich: „Wir gehen langsam." (dazu langsam trommeln). Steigern Sie dann: „Wir gehen schneller" … „Wir rennen" … (immer schneller trommeln). „Wir gehen wieder langsam" … „Wir setzen uns auf die Erde" … „Wir stehen wieder auf" … Auf diese Weise setzten die Kinder Gehörtes (Tempo, Rhythmus) in Bewegung um.

WISSEN KOMPAKT

Sprachfreundliche Räume für die Jüngsten

Für die sprachliche Entwicklung brauchen Kleinstkinder eine ruhige Umgebung, denn nur so können sie gut zuhören, selber sprechen und von anderen verstanden werden. Krippengruppen sind von Natur aus meist leiser als altersgemischte Kita-Gruppen. Trotzdem ist es sinnvoll, im Einzelfall zusätzlich auf Lärmschutz zu achten (evtl. Lärmschutzdecken einbauen).

Beim Innenausbau und bei der Einrichtung sollten Planer möglichst auf lackierte Flächen (auf Wänden und Schränken) verzichten, denn diese fördern den Schall. Besser sind Raufasertapeten und Möbel aus Naturholz. Auch dichte Vorhänge, Kissen, Matratzen, Teppiche, Raumteiler und Nischen können den Schall dämpfen. Gestalten Sie den Gruppenraum so, dass er Geborgenheit vermittelt und Rückzugsmöglichkeiten ermöglicht, aber andererseits auch genügend Freiräume für Bewegung offen lässt.

Schaffen Sie einen „Raum im Raum“, d.h. abgegrenzte Spielecken (z.B. zum Malen, Experimentieren, Rollenspiel, Entspannen, Essen usw.) und wenn möglich Podest-Landschaften, die vom Boden ausgehen und in die Höhe wachsen. Dabei ist zu beachten, dass jüngere Kinder „raumübergreifend“ spielen, d.h. eine klare Trennung von Ecken und Nischen im Spiel immer wieder aufheben, Materialien herumtragen, mischen und kombinieren. Variable Einrichtungsgegenstände (Raumteiler auf Rollen, Podeste, Kisten, Hocker usw.) regen zum Schieben und Umbauen an.

- Gestalten Sie Gruppenraum, Halle, Nebenraum und Außengelände bewegungsfreundlich, indem Sie vielseitige Möglichkeiten zum Klettern, Rutschen, Schaukeln und Balancieren bieten.
- Richten Sie Nischen für „Als-ob-Spiele“ und Rollenspiele ein (Mutter-Kind-, Kochen-, Verkaufen-Spiele usw.), denn hier treten Kinder im Spiel miteinander in Kontakt, ahmen nach, verständigen sich über Körpersprache und tauschen erste Wörter aus.

- Gestalten Sie einen Bereich als Bücherecke mit „Lesesofa“, Matten oder Polstern, Bücherregal und Bücherkisten zur ersten Begegnung mit Literatur.
- Eine gemütliche Kuschelecke mit Matten und Kissen und ein abgeschirmter Platz zum Wickeln fördern „Eins-zu-Eins-Situationen“, in denen Gespräche zwischen Kind und Bezugsperson oder zwischen Kindern untereinander entstehen können.
- Ein separater Essbereich – mit Hockern und Bänkchen, niedrigen Kindertischen, harmonischen Farben, Tageslicht und ansprechender Tischdekoration – schafft ein „Wohlfühl-Gefühl“ beim Essen und fördert kleine Tischgespräche in einer kommunikativen Atmosphäre.
- Wandspiegel regen die Selbst- und Fremdbeobachtung an, fordern dazu auf, sich mit sich selbst und anderen über Gesten, Gebärden, Gesichtsausdruck zu verständigen.

Wozu ist der Mund da?

Alter:
ab 2 ½

Material:
–

Die Idee: Ein kinderleichtes Spiel zum Training der Sprechwerkzeuge.

Spielimpuls:

- Die Spielleitung stellt die Frage, zeigt auf ihren Mund und pustet. Gemeinsam mit den Kindern antwortet sie und fordert die Kinder auf, kräftig zu pusten. Mundbewegung und Geräusch werden jeweils vorgemacht und von den Kindern nachgeahmt:

Ist der Mund zum Pusten da?
Ja, ja, ja. Der Mund, der ist zum Pusten da.
Ist der Mund zum Husten da?
Ja, ja, ja. Der Mund, der ist zum Husten da.
Ist der Mund zum Küssen da?
Ja, ja, ja. Der Mund, der ist zum Küssen da.
Wozu ist nur die Zunge da?
Ist sie vielleicht zum Schlecken da?
Ja, ja, ja. Die Zunge ist zum Schlecken da.
Ist der Mund zum Essen da?
Ja, ja, ja. Der Mund, der ist zum Essen da.
Ist der Mund zum Singen da?
Ja, ja, ja. Der Mund, der ist zum Singen da.

Text: Brigitte Wilmes-Mielenhausen

Tipp:

Selbst wenn die Kinder noch nicht alle Wörter verstehen, so können sie doch das „ja, ja, ja“ im Chor mitsprechen. Zum Schluss können spontan Laute/Silben erzeugt bzw. eine einfache Melodie gesungen werden.

PRAXISTIPP

MUNDMOTORIK FÖRDERN

Eine richtige Aussprache setzt voraus, dass die Sprechorgane (Zunge, Lippen, Gaumensegel) zusammenarbeiten. Mundmotorische Spiele üben auf spielerische Weise die Sprechwerkzeuge:

- Pustespiele (z. B. Watte/Federn, Seifenblasen Luftballons, Windmühle, Flöten pusten)
- Zungenübungen (z. B. Lippen ablecken, Zunge rausstrecken und in verschiedene Richtungen bewegen)
- Lippenübungen (aus Strohhalm trinken, Kussmund machen, Stift zwischen Oberlippe und Nase halten)
- Ansaugübungen (Materialien mit Strohhalm ansaugen/transportieren)

Pi-pa-po

Alter:
ab 1 ½

Material:
–

Die Idee: Ein Massage- und Kitzelspiel für Babys, ein Mitmach-Vers für ältere Kinder, wobei jeweils mit Silben-Wiederholungen und einzelnen Körperteilen gespielt wird.

Spielimpuls:

- Kitzeln/massieren Sie zu den Silben verschiedene Körperteile. Bei „Pi-pa-po“ kitzeln Sie das Kind am Bauch oder an der Nasenspitze.

„Da-da-da“, sagt Mama.
„Na-na-na“, sagt Papa.
„Pi-pa-po“, sagt der Flo.

- *Variation:* Die Kinder zeigen zu „Da-da-da“ und „Na-na-na“ abwechselnd die rechte und linke Hand (bzw. den rechten und linken Fuß). Bei „Pi-pa-po“ tippen sie sich selbst mit dem Finger auf die Nase oder den Bauch

Kapitel 4

Mit Sprache spielen – Fingerspiele, Kniereiter und jede Menge Bewegungsspaß

Die Sprachentwicklung des Kindes ist kein isolierter Vorgang, sondern steht in enger Verbindung mit anderen Bereichen (z. B. Tasten, Sehen, Hören, Fein- und Grobmotorik). Durch wechselseitige Reize wird die Gehirnentwicklung in den verschiedenen Bereichen gefördert; Sensorik, Motorik und Sprachentwicklung sind vernetzt. Durch Wahrnehmung und Bewegung werden neue Nervenverbindungen aufgebaut. Sie bilden die Grundlage für viele Denkprozesse und für die Sprachentwicklung.

Billi Blümchen

Alter:
ab 1 ½

Material:
–

Die Idee: Ein Fingerspiel mit ähnlich klingenden Namen, das die Lautunterscheidung und die Artikulation fördert.

Spielimpuls:

- Zeigen Sie nacheinander alle fünf Finger einer Hand und sprechen sie den folgenden Vers dazu:

Der erste heißt Babba.
Der zweite heißt Bobbo.
Der dritte heißt Bubbu.
Der vierte heißt Bienchen.
Der fünfte heißt Billi Blümchen.
Text: Brigitte Wilmes-Mielenhausen

Tipp:

Das Spiel mit Lauten und lautlichen Strukturen hat fast musikalischen Charakter und ist Ausdruck von Wohlbehagen, Spielfreude und Kreativität.

Die kleine Raupe

Alter:
ab 2

Material:
Taschentuch

Die Idee: Der Sprachrhythmus, die -melodie und die dazugehörigen Bewegungen fördern die Sprachentwicklung und machen den Kindern vor allem Spaß.

Spielimpuls:

- Die Spielleitung legt jedem Kind ein Taschentuch auf die Handfläche und führt das Fingerspiel vor, während sie den Vers aufsagt. Die Kinder machen mit.

Die kleine Raupe ist nie satt,	*Mit den Fingern der anderen Hand*
sie krabbelt auf ein grünes Blatt.	*auf das Taschentuch krabbeln.*
Sie frisst und frisst,	*Die Finger bewegen.*
und wird ganz matt.	
Dann schläft sie ein auf ihrem Blatt.	*Die Finger ruhen lassen.*
Nach vielen Tagen,	
welch ein Ding,	
da wird aus unsrer Raupe	*Das Taschentuch wegziehen und als*
ein bunter Schmetterling.	*„Schmetterling“ davonfliegen lassen.*

Text: Brigitte Wilmes-Mielenhausen

Tipp:

Zeigen Sie den Kindern vor dem Spiel das Bilderbuch: *„Die kleine Raupe Nimmersatt“* von Eric Carle.

Da ist die Laus

Alter:
ab 1

Material:
eventuell eine Rosine oder kernlose Weintraube als „Laus"

Die Idee: Der kleine Vers kann mit einem Kind allein, aber auch mit der ganzen Gruppe gespielt werden.

Spielimpuls:

- Die Kinder sitzen an einem Tisch. Die Spielleitung verteilt große Rosinen (oder kernlose Weintrauben) an die Kinder.

Da ist die Laus, die wohnt in einem Haus.	*Kind hält mit Fingern die Rosine/Traube, legt sie in die andere Hand (schließen).*
Da kommt die Maus und holt die Laus heraus.	*Die verbleibende Hand krabbelt über den Tisch, holt die Rosine aus dem Haus.*

Text: Brigitte Wilmes-Mielenhausen

Kurz & knapp

Wie Fingerspiele die Sprachentwicklung fördern

Bei Fingerspielen und Versen werden die Fingerbewegungen und Wörter zusammen im Gehirn des Kindes gespeichert und sind später wieder abrufbar.
Das Gehirn bekommt motorisch-sprachliche Anregungen, sodass sich neue Nervenverbindungen (Synapsen) bilden können. Fingerspiele haben am Ende oft eine Pointe, die verblüfft und zum Lachen anregt.

Zehn schlaue Zwerge

Alter:
ab 2½

Material:
–

Die Idee: Ein längeres Fingerspiel, bei dem ältere, geübte Kinder begeistert mitmachen. Wenn Sie die Verse mit ausdrucksstarker Mimik und Gestik vortragen, fällt es den Jüngeren leichter mitzumachen.

Spielimpuls:

Zehn schlaue Zwerge	*Zehn Finger zeigen.*
steigen auf hohe Berge.	*Arme/Beine deuten Bergsteigen an.*
Lachen lustig „ha-ha-ha“,	*Hände zum Sprechtrichter formen, „ha-ha-ha“*
singen fröhlich „la-la-la“.	*und „la-la-la“ tönen.*
Oben auf dem Berge	*Berg mit den Händen zeigen,*
rufen sie laut „Zwerge!“	*Sprechtrichter!*
Das Echo schallt nur „ ...erge !“	*Rufe des Echos und der*
Die Zwerge rufen: „Berge, Berge.“	*Zwerge wiederholen.*
Dann wird es ihnen gar zu kalt.	*Sich frierend schütteln.*
Sie steigen ab durch dichten Wald.	*Mit Händen Abstieg vom Berg andeuten.*
Dort sprechen sie ganz leise	*Leise flüstern.*
und wandern rum im Kreise.	*Mit Händen einen Kreis zeigen.*
Dann geht es über Wiesen,	*Mit Händen „gehen“ andeuten,*
dort müssen sie laut niesen.	*laut „Hatschi“ rufen.*
Hinter hohen Hecken	*Arme über den Kopf legen*
spielen sie verstecken.	*und verstecken.*
Doch ihre roten Mützen	*Hände zur Zipfelmütze zusammenlegen,*
in der Sonne blitzen.	*mit Armen Sonnenrund darstellen.*
Ruf ihnen zu: „Hab’ euch gesehn,	*Sprechtrichter formen und*
ihr müsst jetzt schnell nach Hause gehn.“	*laut rufen.*
Zehn schlaue Zwerge	*Zehn Finger zeigen,*
kommen heim vom Berge.	*Laufbewegungen mit Händen machen.*
Zu Hause gibt’s Kuchen vom Bäcker.	
Die Zwerge freu’n sich: „Lecker, lecker.“	*Den Bauch mit der Hand reiben.*

Text: Brigitte Wilmes-Mielenhausen

PRAXISTIPP

HANDSCHUH-FINGERPUPPEN SELBST GEMACHT

Material: alter Fingerhandschuh, Filz- und Wollreste, Schere, Glöckchen, Klebstoff, Nähzeug, Filzstifte

Die Idee: Fingerpuppen sind besonders für die Kleinsten sinnvoll und lassen sich im Tagesablauf ideal mit Fingerspielen kombinieren.

- **So geht's:** Jeder Finger des Handschuhs bekommt ein Gesicht. Dazu schneiden Sie aus Filz fünf Kreise aus und kleben/nähen sie unterhalb jeder Fingerspitze des Handschuhs fest.
  Dann zeichnen Sie mit Filzstift auf jeden Kreis ein Gesicht. Sie können zusätzlich jeden Finger noch mit Wollresten (für die Haare) und Glöckchen verzieren.
- → Ziehen Sie zu einem bekannten Fingerspiel den Handschuh an (z. B. zu „Zehn schlaue Zwerge", S. 54).
- → Lassen Sie die Handschuh-Finger aus einer Handtasche, einem Säckchen, unter einem Tuch oder über die Tischkante auftauchen und wieder verschwinden.
- → Entwickeln Sie einen kleinen Dialog: Sprechen Sie die Kinder an, fragen Sie nach ihren Namen, nach Kleidungsstücken oder danach, was sie gerade tun.

So reiten die Damen

Alter:
ab 1

Material:
–

Die Idee: Der Kniereiter-Klassiker begeistert die Jüngsten und wird auch von älteren Kindern immer wieder gewünscht.

Spielimpuls:

- Das Kind sitzt aufrecht auf Ihrem Schoß. Umfassen Sie den Rumpf des Kindes oder halten Sie das Kind an den Händen, um ihm Sicherheit zu geben. Bewegen Sie Ihre Beine (Knie) langsam auf und ab. Bei „Herren“ steigern Sie das Tempo. Bei „Bauer“ wird es wild und ungestüm!

So reiten die Damen,
so reiten die Herren,
so reitet der Bauer, ...
Text: überliefert

Kurz & knapp

Wie Kniereiter-Spiele die Sprachentwicklung fördern

Kniereiter trainieren den Gleichgewichtssinn und fördern die Sprachentwicklung, da einprägsame Verse/Reime mit kurzen, rhythmischen Bewegungen verbunden werden. Bei Kniereiterspielen sitzt das Kind auf dem Schoß des Erwachsenen, wobei dieser meist seine Beine/Knie auf und ab bewegt, sodass das Kind in einem bestimmten Rhythmus mithüpfen kann.

Autofahren

Alter: ab 1

Material: –

Die Idee: Spaß an Sprache und ein Gefühl für Rhythmus und Sprachmelodie vermittelt auch dieser Kniereiter.

Spielimpuls:

- Das Kind sitzt aufrecht auf Ihrem Schoß. Umfassen Sie den Rumpf des Kindes oder halten Sie das Kind an den Händen. Bewegen Sie ihre Beine/Knie auf und ab. Steigern Sie in der zweiten Strophe eventuell das Tempo. Betonen Sie in der dritten Strophe das Wort „Kuh“ und „muh“ – verlangsamen Sie die Bewegungen, halten schließlich an, bis Sie bei „zu Fuß nach Hause“ schnell auf der Stelle laufen.

Auto fahren, Auto fahren
über Stock und über Stein.
Auto fahren, Auto fahren,
das macht Spaß, das ist fein.
Auto fahren, Auto fahren
schneller als ein Wirbelwind.
Auto fahren, Auto fahren,
jetzt geht alles ganz geschwind.
Doch plötzlich steht da eine Kuh,
die macht ganz laut und deutlich „muh“.
Da bleibt mein Auto einfach stehn.
Ich muss zu Fuß nach Hause gehn.

Text: Brigitte Wilmes-Mielenhausen

Die kleine Hex

Alter:
ab 1

Material:
–

Die Idee: Lustige Spiele, bei denen es auch mal laut(-malerisch) zugeht, ermuntern die Kinder, selbst mit Stimme und Bewegung zu experimentieren.

Spielimpuls:

- Das Kind reitet auf Ihrem Schoß. Bewegen Sie Ihre Beine/Knie rhythmisch zum Text. Bei „kracht“ machen Sie ein Geräusch (z. B. „krrrr“), lassen das Kind nach hinten plumpsen (mit Festhalten).

Es reitet die Hex,
frühmorgens um sechs.
Sie fliegt übers Haus,
sie will hoch hinaus.
Doch dann gegen acht,
der Besen, der kracht.
Da plumpst sie ins Heu
und ruft: „Ei, o wei!“

Die kleine Biene

Alter:
ab 2

Material:
4–6 Matten,
Tücher

Die Idee: Kleinkindern machen Laute, Geräusche und lautmalende Wörter großen Spaß. So sprechen sie z. B. von „Ga-Ga" und meinen damit eine Ente, eine Gans oder einen Schwan. Das Müllauto ist genauso ein „Tut-tut" wie der Bus oder der Pkw. Nutzen Sie die Vorliebe der Kinder für Laute und Geräusche, beispielsweise mit diesem Sprach- und Bewegungsspiel.

Spielimpulse:

- Legen sie Matten aus, die das Bienenhaus darstellen. Aus Tüchern legen Sie eine Blume. Erzählen Sie die folgende Geschichte und lassen Sie die Kinder als Bienen aus dem Bienenhaus fliegen und umherschwirren.

Seht ihr die kleine Biene? Sie ist sehr hungrig. Überall duftet es nach süßem Honig.
„Mmmmm", sagt die Biene." Das riecht ja lecker. Da mache ich mich auf den Weg, um die Blume zu suchen."
Die kleine Biene fliegt aus dem Bienenhaus. Dazu summt sie „Ssssssss". Die anderen Bienen hören das Summen. Sie sagen sich: „Da fliegen wir einfach hinter der kleinen Biene her. Die zeigt uns den Weg zum leckeren Honig."
Eine Biene nach der anderen fliegt aus dem Bienenhaus (eventuell Namen der Kinder nennen) – immer hinter der kleinen Biene her.
Bald ist überall ein „Sssssss" zu hören.
Dann endlich sehen die Bienen die schöne Blume. Sie setzen sich auf die Blume und fahren ihre Rüssel aus. Damit trinken sie den süßen Honig, als hätten sie einen Strohhalm im Mund: „Mmmm!"
Satt und zufrieden machen sie einen Bienentanz.

Tipp:
Singen Sie ein Lied, z. B. „Summ, summ, Bienchen summ herum".

Bitte einsteigen! – Fahrzeuge groß und klein

Alter:
ab 2

Material:
Kartons, Bälle, *Für die Variation:* Gummiringe oder Pappteller

Die Idee: Geben Sie jedem Kind einen Pappkarton als „Auto". Das Auto fährt durch den Raum und macht dazu „brr, brr". Soll das Auto wie ein Lkw beladen werden? Lautmalereien in Bewegung fördern die Lust am Sprechen.

Spielimpulse:

- Wir laden Bälle als „Frachtgut" in die Kartons, schieben sie durch den Raum und bringen sie dann in die Garage (einen großen Karton).
- *Variation:* Spielen Sie Feuerwehrauto oder Polizei. Die Kinder laufen mit „tatü-tata, tatü-tata" umher. Als „Lenkrad" erhält jedes Kind einen Gummiring oder einen Pappteller.
- Wie wäre es mit einer Fahrt in der Eisenbahn? Sie kann mit dem folgenden Spielvers begleitet werden. Die Kinder fassen sich bei den Händen und fahren als „Zug" durch den Raum. Sie können auch ihre Hände auf die Schultern des Vordermannes legen. Dazu geben alle Kinder Geräusche von sich. Sie können die Kinder auch namentlich aufrufen und einsteigen lassen.

Zug, Zug, Eisenbahn.
Wer will mit nach Frankfurt fahr'n
Frankfurt ist 'ne schöne Stadt,
die auch einen Bahnhof hat …
Tsch-tsch-tsch-tsch-tsch …
Zzzzz –Zzzzz–Zzzzz …
Text: überliefert

Hund, Katze, Vogel

Alter:
ab 2

Material:
Stofftiere oder ein Tier-Memory bzw. ein Bilderbuch mit Tieren

Die Idee: Dies Spiel regt die Kinder an, sich lautmalerisch zu betätigen und trainiert ganz nebenbei den Stimmapparat.

Spielimpulse:

- Alle sitzen im Kreis. Die Spielleitung zeigt den Kindern die Abbildung eines Tiers, z. B. auf einer Memory-Karte oder in einem Bilderbuch. Auch ein Stofftier ist als Anschauungsmaterial geeignet. Anschließend fragt sie z. B: „Wie macht der Hund?" Die Kinder antworten vielleicht spontan mit „wauwau".
- Dann fragt die Spielleitung z. B.: „Und wie läuft der Hund?" Vielleicht beginnen die Kinder jetzt damit, auf allen vieren wie Hunde durch den Raum zu krabbeln.
- *Variation:* Je nach Erfahrung und Vorstellungsvermögen der Kinder können andere Tiere gespielt werden: z. B. Katze, Vogel, Ente, Frosch, Esel usw.

Kasper, Kasper

Alter: ab 2 ½

Material: Kasperlefigur (ersatzweise Teddy oder anderes Stofftier)

Die Idee: Ein Spiel, um Verben durch Bewegung darzustellen.

Spielimpulse:

- Die Kinder stehen nebeneinander an einer Wand des Raums (im Freigelände kann man eine Schnur als Begrenzung auf die Erde legen). Vor der gegenüberliegenden Wand steht die Spielleitung oder ein älteres Kind mit einer Kasperle-Figur oder einem Teddy.
- Die Kindergruppe ruft nun (mit Unterstützung eines Erwachsenen oder gemeinsam mit älteren Kindern): „Hallo Kasper!“
  Der Kasper antwortet: „Hallo Kinder, kommt mal rüber!“
  Die Kinder fragen: „Wie denn?“
  Der Kasper macht Vorschläge: „Ihr sollt rennen.“
  Schon rennen die Kinder los. Wenn die Kinder den Kasper begrüßt haben, geht er schnell auf die gegenüberliegende Seite des Raums, und dann beginnt das Spiel von vorn.
- Diesmal sollen die Kinder vielleicht kriechen wie eine Katze, hüpfen, auf dem Bauch rutschen, auf den Knien gehen, tanzen, mit einem Ball in der Hand laufen usw.

Kleine Affen auf Entdeckungstour

Alter:
ab 2 ½

Material:
Möbel/Geräte zum Klettern

Die Idee: In die Geschichte werden spielerisch Präpositionen eingebracht, wie z. B. oben, unten, auf, unter, vor, hinter, drüber, drunter ... Auch Verben wie laufen, springen usw. kommen vielleicht vor.

Spielimpulse:

- Die Affenkinder laufen und springen im Bewegungsraum oder draußen auf dem Spielgelände umher. Plötzlich gibt die Spielleitung ein Signal (z. B. Trommel) und ruft z. B.: „Alle Affen *auf* die Bäume!“ Schon klettern die Affenkinder auf eine Turnbank oder draußen auf einen Baumstamm.
  Dann ruft sie z. B. „Alle Affen *unter* die Bäume!“ Schon klettern die Kinder wieder hinunter und legen (hocken) sich auf den Boden.
  Dann geht es weiter mit: „*Vor* die Bäume und *hinter* die Bäume“ (vor und hinter einen Turnkasten stellen). Draußen stellen sich die Kinder wirklich vor bzw. hinter einen Baum.

Das Mäusehaus

Alter: ab 2

Material: Tisch/Stühle, Decke

Die Idee: Bewegungen, die Sie mit einfachen Sätzen – und später mit kurzen Erzählungen, ja kleinen Geschichten – begleiten, sind für die Sprachförderung besonders geeignet. Selbst Wörter, die Kinder noch nicht in ihrem Wortschatz haben, können aktiv erlebt und spielerisch gelernt werden.

Spielimpulse:

- Bauen Sie ein Mäusehaus, indem Sie über einen Tisch oder über Stühle eine Decke legen. Die Kinder verstecken sich darunter. Falls Kinder die Dunkelheit nicht mögen, so verzichten Sie auf die Decke. Weitere Möglichkeit: Ältere Kinder bilden einen Kreis um die Kleinen und gestalten so das „Mäusehaus".

Wir öffnen jetzt das Mäusehaus.	*Decke wegziehen bzw. Kreis öffnen.*
Die Mäuse huschen zur Tür heraus.	*Die Kinder krabbeln im Raum umher.*
Sie krabbeln kreuz und quer,	
denn Krabbeln ist nicht schwer.	
Kaum schaut die Katze um die Eck',	*Ein Kind spielt die Katze.*
schon laufen alle Mäuse weg.	*Alle Mäuse huschen ins Haus zurück.*
Verstecken sich im Mäusehaus,	*Sie schauen zum Fenster raus und*
schauen nur zum Fenster raus.	*winken der Katze zu.*

Text: Brigitte Wilmes-Mielenhausen

Das Nachtgespenst

Alter:
ab 2½

Material:
dünne Tücher, Gong

Die Idee: Ideal für dieses bewegungsreiche Spiel ist ein großer Raum, in dem die kleinen Gespenster herumwirbeln.

Spielimpuls:

Das Nachgespenst ruft: „Huuuu, Huuuu, Huuuu, ich brauche keine Schuh.	*Die Kinder legen sich dünne Tücher über den Kopf oder halten sie in der Hand und winken damit.*
Ich fliege durch die Nacht geschwind, ich fliege wie ein kühler Wind. Huuuu, Huuuu, Huuu, ich brauche keine Schuh.	*Die Kinder breiten die Arme aus und bewegen sie, auf und ab.*
Ich tanze durch das ganze Haus, ich lache alle Kinder aus. Huuuu, huuuu, huuu, ich brauche keine Schuh.	*Sie gehen, drehen sich, tanzen durch den ganzen Raum.*
Dann schlägt die Turmuhr: Bing, bing, bing ... „Der Spuk ist aus, ich leg mich hin! Ich mach' die Augen zu, und gönn' mir etwas Ruh!“	*Wenn die Turmuhr schlägt, klatscht die Spielleitung oder ein älteres Kind in die Hände oder schlägt auf einen Gong. Daraufhin legen sich die Kinder auf die Erde und machen die Augen zu.*

Text: Brigitte Wilmes-Mielenhausen

Luftballon

Alter:
ab 1½

Material:
Luftballons, großes Tuch

Die Idee: Bewegung fördert Sprache! Ein Bewegungsspiel mit Luftballons.

Spielimpulse:

- Geben Sie den Kindern viele bunte Luftballons, die Sie aufgepustet und gut zugeknotet haben, zum freien Spiel. Vielleicht rennen sie hinterher, werfen sie in die Luft oder spielen Fußball.
- Legen Sie die Luftballons auf ein Tuch. Die Kinder sitzen rundherum, jedes hält einen Zipfel. Erzählen Sie, was sie tun: „Wir heben das Tuch ganz hoch, dann lassen wir es wieder runter ... Wir schütteln ... Die Ballons fliegen ... wir sammeln sie wieder ein" usw.

Kurz & knapp

Sprachfördernde Materialien

Achten Sie darauf, dass Gegenstände und Materialien für kleine Kinder gut handhabbar sind, dass sie klare Formen aufweisen und unterschiedliche Berührungsqualitäten besitzen (z. B. hart – weich, rau – glatt usw.).
Symbole oder Fotos an Wänden, Garderobe und Spielzeug-Kisten schaffen eine übersichtliche Struktur im Raum, fördern Wahrnehmung, Erinnerung, Zuordnung, Symbolverständnis und Begriffsbildung.

Kapitel 5

Rundherum in meiner Welt – Bilder, Szenen, Rätsel und Geschichten

Wer kennt das nicht? Schon die Kleinsten schleppen immer wieder ihr Lieblingsbuch heran, wollen die Bilder betrachten und dazu erzählen. Hier beginnt schon früh die sogenannte „Literacy-Erziehung". Kinder mit frühen Erfahrungen im Umgang mit Büchern (Bilder, Texte erfassen, Erzählen ...) haben längerfristig Entwicklungsvorteile, sowohl im Bereich der Sprachkompetenz als auch beim späteren Lesen- und Schreibenlernen.

Kurz & knapp

Korrektives Feedback

Korrektives Feedback bedeutet *verbesserte Wortwiederholung* und ist eine alltagsintegrierte sprachliche Modellierungs-Technik.
Das Kind sagt z. B. „Hab Burstag feiert". Die pädagogische Fachkraft wiederholt die Aussage in sprachlich richtiger Form, indem sie z. B. sagt: „Du hast Geburtstag gefeiert?" Vorteil: Dem Kind wird die korrekte Aussprache vermittelt, ohne dass es direkt berichtigt bzw. belehrt wird.
Die Methode kann bei fehlerhafter Aussprache, falscher Wortwahl, nicht korrektem Satzbau etc. zum Einsatz kommen. Die Fachkraft kann auch weitere Informationen einfügen bzw. Fragen stellen, z. B.: „Gab es auch Geschenke?"
Allerdings sollte das korrektive Feedback nicht übertrieben oft angewendet werden, damit die Gesprächssituation natürlich bleibt.

Erzähl-Karten

Alter: ab 2

Material: Abbildungen aus Zeitschriften/ Zeitungen, Fotos, Schere, Klebstoff, Karton oder Bierdeckel

Die Idee: Handliche Requisiten und Bilder helfen den Kindern beim Erzählen.

Spielimpulse:

- Lassen Sie die Kinder Abbildungen auswählen. Schneiden oder reißen Sie die Bilder aus (ältere Kinder helfen) und kleben Sie die Bilder einzeln auf Bierdeckel oder Pappkarten.
- Legen Sie die Karten dann umgedreht auf den Tisch. Die Kinder decken eine Karte nach der anderen auf, benennen den Gegenstand und erzählen etwas dazu.
- **Hinweis:** Benutzen Sie solche Spiele nicht zum „Abfragen“ bzw. als Training. Die Spielfreude sollte immer im Vordergrund stehen.

Ball, Blume, Hund – na und?

Alter:
ab 1

Material:
erstes Bilderbuch mit großen Abbildungen aus der Erfahrungswelt des Kindes (z. B. Teddy, Schuhe, Spieluhr, Apfel, Blume, Schiff, Badeente, Brei, Löffel, Spielzeugauto, Ball etc.) – ohne Text

Die Idee: Bilderbuchbetrachtungen gehören zu den wirksamsten Formen der Sprachförderung bei Kleinkindern, vor allem, wenn die Betrachtung als Dialog gestaltet wird.

Spielimpulse:

- Schauen Sie die Bilder etwas abseits vom Gruppengeschehen an. Wie wäre es mit Kissen oder einem Sofa? Ein einzelnes Kind kann auf Ihrem Schoß sitzen. Achten Sie beim Anschauen der Bilder auf guten Lichteinfall.
- Lassen Sie zunächst jedes einzelne Bild auf die Kinder wirken. Hören Sie zu, was die Kinder von sich aus zu den Bildern erzählen. Die Allerkleinsten haben Freude daran, mit dem Finger auf das jeweilige Bild zu tippen und das passende Wort zu sagen.
- Vielleicht kommen die Kinder über die Phase des bloßen Benennens hinaus. Gehen Sie auf den genannten Begriff ein, indem Sie ihn in einem Satz wiederholen, kommentieren, umschreiben. „Ja, das ist ein Hund ... Der Hund macht wau-wau.“ Ein anderes Kind bemerkt vielleicht: „Da“ und tippt auf das Hundehalsband. Darauf könnten Sie eingehen mit: „Genau, da ist ein Halsband, der Hund trägt ein Halsband.“
- **Hinweis:** Fragen Sie die Kinder nicht bloß ab. Lassen Sie die Situation so offen wie möglich, das schafft Sprechanreize für die Kinder.

- Im Anschluss an eine Bildbetrachtung können wir einen der abgebildeten Gegenstände für ein Spiel nutzen. Ist auf dem Bild z. B.
  - ein „Hund“ zu sehen, krabbeln alle wie Hunde, werden wie Hunde gestreichelt.
  - ein Apfel zu sehen, wird an einem Apfel geschnuppert.
  - ein Ball zu sehen, wird ein Ball über Tisch und Boden gerollt.
  - eine Bade-Ente zu sehen, wird eine Ente in einer Schüssel mit Wasser schwimmen gelassen. So begreifen die Kinder, dass Wörter/Begriffe für reale Gegenstände stehen

Tipp:

Erste Bucher sollten stabil, handlich, vielleicht sogar abwaschbar sein. So können sie von den Kleinsten nach Herzenslust herumgeschleppt werden.

Material-Buch zum Sehen und Tasten

Alter:
ab 2½

Material:
ca. 6 Bögen dicker Pappe (A4 oder A5), Locher und Kordel. Reste zum Aufkleben: z. B. Fell, Schmirgelpapier, Spiegelfolie, unterschiedliche Stoffe, Wellpappe u. Ä., Tapetenkleister

Die Idee: Bücher sind zum Anfassen und Angucken da. Sie gehören sozusagen ins „Handgepäck". So entwickeln sich Bücher zu „Gebrauchsgegenständen". Der Zugang zum Buch ist besonders hautnah und persönlich, wenn das Buch selbst gestaltet ist.

Spielimpulse:

- Lassen Sie die Kinder die Materialien zunächst einzeln betrachten und befühlen.
- Im Krippen-Atelier können die Kinder Pappen mit Kleister einstreichen und auf jede Pappseite ein Material in den Kleister drücken.
- Nach dem Trocknen: Ein Erwachsener locht die Seiten mit einem Locher, fädelt eine Kordel hindurch und verknotet sie locker. Schon ist ein Materialbuch entstanden.
- Lassen Sie die Kinder die Seiten betasten. Vielleicht drücken sie spontan aus, ob das Material für sie angenehm oder unangenehm ist.

Tipp:

Durch Berühren und Tasten bekommt das Kind Informationen über einen Gegenstand (Form, Größe, Gewicht, Oberflache ...). Die Sprache des Tastsinns ist die früheste aller Sprachen. Nutzen Sie die Vorliebe der Kinder, alles anzufassen und zu untersuchen. Nennen Sie die passenden „Be-Griffe", während das Kind Gegenstände mit den Händen erforscht!

Sehen, raten, sprechen

Alter:
ab 2

Material:
Bilderbuch/Bild, Blatt Papier

Die Idee: Unübersichtliche Wimmel-Bilder können auf diese Weise in kleine Abschnitte zergliedert werden.

Spielimpulse:

- Decken Sie eine Bilderbuch-Seite mit einem weißen Blatt Papier vollständig ab. Das Bild darunter sollte nicht durchschimmern.
  Jetzt schieben Sie das Blatt ganz langsam Schritt für Schritt zur Seite. Immer mal wieder anhalten und Pause machen.
  Erkennen die Kinder das Bild? Was könnte das sein?
- Es wird so lange geschoben, bis das Bild so weit freigelegt ist, dass die Abbildung erfasst und benannt werden kann (z. B. „Kuh“, „Schwein“, „Trecker“ ...).

Tipp:

Nach den ersten Elementarbilderbüchern, die meist nur einzelne Gegenstände zeigen, erfreuen sich die Kinder zusehends an Büchern, die Szenen, Situationen, Handlungen abbilden: das Müllauto kommt, der Bauer fahrt Heu ein, die Tiere im Zoo werden gefüttert. Neben realistischen Szenen aus dem Alltag freuen sich Kinder auch an komischen Darstellungen/Handlungen und an märchenhaften, fantastischen Geschichten.

Sammelkisten

Alter:
ab 2

Material:
Kisten aus Holz oder Kunststoff, eventuell Fotos der Kinder

Die Idee: In vielen Kitas besitzt jedes Kind seine eigene Kiste, die in einem speziellen Regal aufgehoben wird, eventuell mit einem Foto des Kindes oder Symbol darauf zum Wiedererkennen. In der Kiste werden persönliche Dinge gesammelt, z. B. ein gemaltes Bild, ein Tannenzapfen, eine Muschel aus dem Urlaub, ein Kuscheltier von zu Hause usw.

Spielimpulse:

- Holen Sie gemeinsam mit einem Kind oder einer kleinen Gruppe die Kisten ab und zu hervor und stöbern Sie gemeinsam. Gesammelte Schätze regen zum Sprechen an. Woher kommt die Muschel? Was ist auf dem gemalten Bild zu sehen?

PRAXISTIPP

MINIGESCHICHTEN FÜR PLAPPERMÄULCHEN

Fördern Sie die „Erzählkultur". Sprechen Sie mit den Kindern über alltägliche Erlebnisse (Kita-Alltag, Familie, nähere Umgebung). Erfinden Sie kurze „Geschichten". Veranschaulichen Sie Ihre Erzählung durch ein Bild, eine Handpuppe, durch darstellendes Spiel, passende Gegenstände. Auch ein Reim, ein Lied oder Instrument kann man in eine Geschichte einfügen.

Mini-Pantomime

Alter:
ab 2½

Material:
verschiedene Gegenstände, z. B. ein lustiger Hut, eine Tasse, ein Bilderbuch,
Für die Variation: Puppe oder Teddy

Die Idee: Spielen Sie den Kindern stumm etwas vor. Die Kinder sollen nun erzählen, was Sie gerade tun. Dabei werden Verben (lesen, essen ...) gebraucht. Wichtig ist, dass Sie selbst nicht sprechen. Sie sollten langsam spielen und längere Pausen machen. Ein zweiter Erwachsener übernimmt die Spielleitung und hilft den Kindern bei der Wortfindung.

Spielimpulse:

- Der zweite Erwachsene erzählt den Kindern, dass die spielende Person gerade nicht sprechen kann. Ihre Stimme muss sich ausruhen, Deshalb sollen die Kinder reden. Was macht die Person?
- Beginnen Sie mit ganz einfachen Gegenständen und Handlungen:
  - → Setzen Sie sich stumm einen lustigen Hut auf den Kopf.
  - → Ziehen Sie sich die Schuhe aus.
  - → Gießen Sie sich Tee in eine Tasse und trinken.
  - → Greifen Sie nach einem Bilderbuch und lesen stumm usw.
- *Variation:* Statt der erwachsenen Person kann auch ein älteres Kind etwas vormachen.
- Oder Sie lassen eine Puppe/einen Teddy agieren.

Erzählsäckchen

Alter:
ab 2 ½

Material:
Stoffäckchen, diverse Figuren bzw. Gegenstände, die zum Geschichten-Erzählen anregen (z. B. Holzfiguren, Naturmaterialien usw.)

Die Idee: Durch geschickte Kombination der Materialien sollen die Kinder in ihrer Fantasie angeregt und zum spontanen Sprechen/Erzählen gebracht werden.

Spielimpulse:

- Füllen Sie zunächst nur wenige Gegenstände in das Säckchen (z. B. einen Hund, eine Katze und eine Kastanie). Nun wird der Inhalt ausgeleert. Auf dem Tisch/Boden liegen die beiden Tiere und die Kastanie.
- Die Kinder versuchen vielleicht, die Tiere mit der Kastanie in Verbindung zu bringen, indem sie z. B. den Hund die Kastanie im Spiel „fressen" lassen. Oder möchte der Hund damit Fußball spielen? Schon kommt die Katze. Auch sie möchte mit der Kastanie spielen. Jetzt beginnt offensichtlich eine kleine Spiel-Szene, die von den Kindern kommentiert und weitergesponnen werden kann.
  Durch Fragen und Anregungen kann die Spielleitung einfühlsam begleiten.
- *Variation:* Füllen Sie noch weitere interessante Gegenstände oder Materialien in das Säckchen.

Raten ...

Alter:
ab 3

Material:
–

Die Idee: Aufmerksam zuhören und aufgrund der Beschreibung das passende Lösungs- oder Reimwort finden, darum geht es bei diesen Spielen.

Spielimpulse:

Welches Tier ist grau und schwer,
trägt einen Rüssel und stampft daher? (Elefant)

Welches Tier braucht viel, viel Zeit,
kriecht ganz langsam, kommt nicht weit? (Schnecke)

Welches Tier kann Lieder singen,
piepen und dir Freude bringen? (Vogel)

Welches Tier trägt eine Mähne,
brüllt ganz laut, hat spitze Zähne? (Löwe)

Welches Tier wühlt fett und keck
in dem allerschönsten Dreck? (Schwein)

Welches Tier schleicht leis' durchs Haus,
miaut und schnurrt und fängt die Maus? (Katze)

Welches Tier kann hoppeln, springen
und dir Ostereier bringen? (Oster-Hase)

Tipp:

Wenn die Lösung nicht kommt, stellen Sie „Schlüssel-Fragen“ (Welches Tier kriecht ganz langsam? Es hat ein Häuschen auf dem Rücken. Es heißt: Sch ...). Auch Karten eines Tier-Memorys können helfen.

Ostereier muss man suchen,
im Ofen backt der Vater (Kuchen).

Der Ball rollt und ist rund,
viele Zähne sind im (Mund).

Die Raupe, die ist satt,
sie schläft auf einem (Blatt).

Im Wald steht die Tanne,
das Baby badet in der (Wanne).

Auf dem Kopf sitzt die Laus,
im Keller wohnt die kleine (Maus).

Im Wasser schwimmt der Fisch,
die Nudeln stehen auf dem (Tisch).

Der Schneemann tanzt im Kreis herum
und fällt am Ende müde (um).

Das Krokodil, es wohnt am Nil.
Es stöhnt: „Die Hitze wird mir viel zu (viel)!“

Ein Zwerg fährt Schlittschuh auf dem See,
dann fällt er hin, das tut nicht (weh).

Der Waschbär und das Warzenschwein,
die laden heut zur Party (ein).

Gegensätze fühlen

Alter:
ab 2½

Material:
Kisten, Wannen oder Pappkartons, verschiedene Materialien und Gegenstände (z. B. Watte, Steine, Ton, Stoff, Kleister, Tannenzapfen, Sand, Holzreste, Papier …)
Für die Variation: Eiswürfel, Schnee

Die Idee: Schon zwischen 1½ und 2 Jahren verstehen Kinder erste Adjektive. Gegensätze (hoch-tief, laut-leise) können Kinder von sich aus meist erst zwischen 3 und 4 Jahren benennen. Dies bedeutet jedoch nicht, dass Gegensätze nicht schon vorher im Spiel erlebt werden können.

Spielimpulse:

- Geben Sie zwei unterschiedliche Materialien in eine Fühl-Kiste (z. B. weiche Watte und harte Steine oder weichen Ton und harte Holzstückchen).
- Lassen Sie die Kinder die Materialien mit den Händen betasten und erfahren. Vielleicht erzählen Sie dazu etwas.
  - → Tasten/Greifen wird zum Be-Greifen und schließlich zu einem Begriff.
- *Variationen:*
  - → Geben Sie Eiswürfel oder Schnee in eine Schüssel. Wer möchte mit den Händen das Eis/den Schnee fühlen? Das Eis ist kalt.
  - → Wie können wir die Hände wieder warm machen?
  - → Wir lassen warmes Wasser darüber laufen oder wärmen unsere Hände an der Heizung oder an einer Wärmflasche.

Mehrsprachige Kinder

Die Forschung hat gezeigt: Ein gleichzeitiges Lernen mehrerer Sprachen hat für Kinder keine Nachteile, sondern Vorteile. Mehrsprachig aufwachsende Kinder nutzen Sprache flexibel. Ihr Gehirn arbeitet in vielen Bereichen aufnahmebereiter als bei einsprachigen Kindern.
Wichtig ist die Wertschätzung beider Sprachen (Erst- und Zweitsprache). Denn: Sichere Beherrschung der *Erstsprache* (Familien-Sprache) erleichtert den Erwerb der Zweitsprache.
Für Kinder, die Deutsch als Zweitsprache in der Kita erlernen (z. B. Kinder mit Migrationshintergrund), ist das Konzept der *alltagsintegrierten Sprachbildung* hilfreich. Dieses sieht vor, die alltägliche Kommunikation zu nutzen (z. B. beim Spielen, Wickeln, Essen usw.). Handlungsbegleitendes Sprechen – mit Gestik und Mimik – vermittelt die deutsche Sprache im praktischen Tun und situativen Kontext.
Sprachenvielfalt kann sichtbar gemacht werden, indem

- ein „Herzlich willkommen" in verschiedenen Sprachen am Eingang ausgehängt wird.
- Die Mädchen und Jungen mit verschiedener Herkunft können Fotos von sich und ihren Familien auf einer Weltkarte aufkleben.
- Mehrsprachige Spiele, Reime, Lieder, Tänze geben Sprachanregungen für die ganze Gruppe.
- Mehrsprachige Bilderbücher und Apps sind ein wichtiger Baustein der „Literacy-Erziehung".
- „Sprechende Wände", digitale Vorlesestifte und „sprechende Klammern" können Sprachanregungen geben.
- Piktogramme, Signalkarten erleichtern die Kommunikation.

Ideal wäre es, schon beim Aufnahmegespräch eine „Willkommenskultur" zu signalisieren. Über Eltern-Cafés, Projekte (Ausflüge, Kochabende ...) mehrsprachige Elternbriefe und E-Mails werden kulturelle Brücken gebaut.

Wer hat da gerufen?

Alter:
ab 2

Material:
Plüsch-Teddy,
Geschirrtuch

Die Idee: Die Geschichte handelt von einem kleinen Bären, der im Wald verschiedenen Tieren begegnet. Sie regt die Fantasie an und lässt sich von den Kindern ganz leicht weiterspinnen. Welche Tiere könnten noch rufen und dann plötzlich (unter dem Tuch) auftauchen?

Spielimpuls:

- Lassen Sie einen Teddy über die Erde oder über den Tisch laufen. Ihre andere Hand verbirgt sich unter einem Tuch. Erzählen Sie die folgende Geschichte:

Ein kleiner Bär geht allein durch den Wald. Weit und breit ist kein anderes Tier zu sehen.
„Keiner da?“, fragt der kleine Bär.
Plötzlich ruft eine Stimme: „Wo bin ich? Such mich!“ Die Stimme kommt aus einer Höhle.
„Wer hat da gerufen?“, fragt der Bär neugierig.
„Ich“, antwortet die Stimme. Schon kommt ein Hase aus seiner Höhle hervor und sagt freundlich: „Guten Tag.“ *(Hand unter dem Tuch hervorschauen lassen.)*
„Wo bin ich?“ Such mich!“, ruft eine andere Stimme. Sie kommt diesmal oben aus einem Baum. *(Arm mit dem Tuch in die Luft heben.)*
„Wer bist du und wo steckst du?“, fragt der Bär verwundert.
Da guckt ein Vogel aus dem Nest im Baum und zwitschert: „Guten Tag.“ *(Finger unter dem Tuch hervorschauen lassen.)*
„Wo bin ich?“, ruft wieder jemand. Diesmal kommt die Stimme aus einem Blätterhaufen. *(Hand mit dem Tuch auf die Erde legen.)*
„Wer bist du?“, fragt der Bär. „Zeig dich!“
„Ich sitze hier,“ antwortet die Stimme. Schon krabbelt ein Käfer unter den Blättern hervor. *(Finger krabbeln unter dem Tuch hervor und bewegen sich über den Boden.)*

Regengeschichte mit Geräuschen

Alter:
ab 2½

Material:
–

Die Idee: Erzählen Sie die Geschichte und machen sie mit den Kindern die passenden Geräusche dazu.

Spielimpuls:

Leonie sitzt allein in ihrem Kinderzimmer. Ihr ist sooooo langweilig.
Keiner ist da, der mit ihr spielt. Plötzlich hört sie ein Geräusch.
Was trommelt gegen die Fensterscheibe? *(Mit den Fingern auf Tischplatte oder Stuhlsitz trommeln.)*
Leonie läuft zum Fenster. *(Mit Handflächen patschen.)*
Dicke Regentropfen fallen vom Himmel, prasseln gegen das Fenster. *(Noch einmal mit den Fingern trommeln.)*
Dann hört der Regen auf. Leonie sieht, wie Kinder durch den Garten rennen.
„Ich will raus!“, ruft sie. „Wo sind meine Gummistiefel?“
„Dort drüben!“, antwortet die Mutter.
Mit Gummistiefeln und Regelmantel läuft Leonie in den Garten. Die anderen Kinder haben auch Gummistiefel und Regensachen an.
Sie springen in Pfützen, dass es nur so platscht. *(Klatschen, patschen.)*
Dann fängt der Regen wieder an. *(Mit den Fingern trommeln.)*
Alle Kinder laufen schnell nach Hause. *(Mit Handflächen patschen.)*

Tipp:

Spielen Sie mit den Kindern auf Handtrommeln oder Bongos. Zum Abschluss können Sie ein Regenlied singen.

Das Vogelkind

Alter:
ab 2 ½

Material:
–

Die Idee: Eine kleine Geschichte vom Lernen.

Spielimpulse:

- Erzählen Sie die folgende Geschichte und machen Sie mit den Händen passende Bewegungen dazu.

„Ich will raus!“, piept das Vogelkind im Vogelnest. „Ich möchte endlich das Fliegen lernen.“
Schon hüpft das junge Vogelkind aus dem Nest, lässt sich auf die Wiese plumpsen.
Dort sitzt es nun, breitet die Flügel aus. Aber wie geht „fliegen“?
Da kommt ein Hund vorbei. „Kannst du mir zeigen, wie man fliegt?“, fragt das Vogelkind.
„Nein!“, knurrt der Hund. „Ich laufe und jage lieber.“ Dann rennt er davon.
Kurz darauf kommt ein Schwein.
„Kannst du mir zeigen, wie man fliegt?“, fragt das Vogelkind.
„Ich fliege nicht. Ich wühle im Dreck“, grunzt das Schwein und wackelt schwerfällig weiter.
Nach einer Weile kommt eine Maus daher.
„Kannst du mir zeigen, wie man fliegt?“, fragt das Vogelkind.
„Ich fliege nicht, ich husche und springe durchs Gras. Guck mal, so …“ Schon ist die Maus davongesprungen.
Da piept das Vogelkind ganz verzweifelt: „Niemand will mir zeigen, wie man fliegt.“
Das hört die Vogelmutter. Sie kommt angeflogen und zwitschert: „Ich zeige dir, wie man fliegt!“ Sie breitet ihre Flügel aus und flattert auf der Stelle hin und her.
Das Vogelkind breitet ebenfalls die Flügel aus, macht einen kleinen Hüpfer und noch einen und noch einen und dann …?
Das Vogelkind fliegt ein kleines Stück hinter der Mutter her.
Hund, Schwein und Maus schauen zu und wundern sich und schütteln die Köpfe …

Henriette will groß sein

Alter:
ab 2 ½

Material:
–

Die Idee: Kleine Kinder möchten groß sein. Davon handelt die folgende Hexen-Geschichte.

Spielimpulse:

- Die Kinder sollen im Laufe der Erzählung noch ergänzen, was große Hexen (Leute) alles können bzw. dürfen. Zur besseren Anschauung zeigen Sie den Kindern vorab das Bild von einer Hexe (z.B. aus einem Märchenbuch).

„Wie schön wäre, es, wenn ich groß wäre“, seufzte die kleine Hexe. „Klein sein ist langweilig. Wenn ich groß wäre, dann könnte ich viele Sachen machen, die kleine Hexen noch nicht dürfen.
Große Hexen hexen den ganzen Tag, ohne sich dauernd zu verhexen.
Große Hexen kennen das Hexenbuch auswendig.
Große Hexen dürfen allein auf dem schnellsten Hexenbesen reiten.
Große Hexen kochen in der Hexenküche Spinnensuppe und andere leckere Sachen.
Große Hexen können Blitz und Donner machen.
Große Hexen können ... (*Die Kinder machen eventuell weitere Vorschläge.*)
„Aber es hilft nichts, wenn man jammert. Davon wird man auch nicht schneller groß“, erkannte die kleine Hexe.
Das hörte die weise Oberhexe Aurelia Wackelzahn. „Heute darfst du mal für einen ganzen Tag lang groß sein“, sagte die Oberhexe. Sie klatschte vielmal in die Hände, und plötzlich wurde die kleine Hexe größer und größer, bis sie so groß war wie die anderen großen Hexen.
Da hob Henriette die Arme in die Luft, und schon blitzte und donnerte es am Himmel. „Das macht Spaß“, rief sie.
Dann stieg sie auf den schnellsten Hexenbesen und brauste ums Haus, den halben Tag lang. Am Abend hexte sie sich noch eine Spinnensuppe, einen Krötenpudding und Froscheis. Dann schlief sie müde am Hexenofen ein.
Groß sein ist doch ganz schön anstrengend!

Kapitel 6

So tun als ob – Rollenspiele zu Familien- und Alltagsthemen

In Rollenspielen ahmt das Kind das nach, was es beobachtet und erlebt hat, und drückt dabei eigene Vorstellungen und Gefühle aus. Es begegnet anderen Kindern in einer „imaginären Welt“. Das Kind begleitet seine Aktivitäten non-verbal mit Blickkontakt, Gestik, Mimik, Lauten und zunehmend auch mit ersten Wörtern. Im gemeinsamen Spiel entsteht die kommunikative Basis für den weiteren Spracherwerb.

PRAXISTIPP

MATERIAL FÜR ALS-OB-SPIELE

Kleine Kinder mögen alltägliche Dinge aus dem Umfeld (Kochtopfe, Rührlöffel, Waage, Telefon ...), die sie oft als interessanter erleben als fertig gekaufte Spielzeuge. Alltagsgegenstände fordern zum Hantieren, Experimentieren und Nachahmen auf.
Beobachten Sie, welche Themen die Kinder interessieren. Entsprechend können Sie den Raum (um-)gestalten und Materialien zur Verfügung stellen.

In der Spielküche

Alter:
ab 2

Material:
niedriges Regal, Hocker, Bretter, Kisten/Kartons, Körbchen, Naturmaterialien (z. B. Kastanien, Zapfen), Lebensmittel (z. B. Nudeln), alte Kochtöpfe, Schüsseln, Becher, Rührlöffel, Schöpfkellen, Nachbildungen von Lebensmitteln aus Holz (Obst, Gemüse)

Die Idee: Kinder möchten von sich aus Materialien in Gefäße füllen und wieder ausschütten, mit einem Löffel darin rühren oder mit einer Kelle schöpfen. Neben diesen Funktionsspielen kommt es zu ersten „Als-ob-Spielen“, die sich oft um die tägliche Nahrungszubereitung und das Essen drehen.

Spielimpulse:

- Ein Kind spielt zum Beispiel in der Puppenecke mit Geschirr und Töpfen. Es hat ein Stück Knete auf einen Teller gelegt und reicht ihn der Erzieherin.
  Kind: „Da Pissa esse.“
  Erzieherin (nimmt den Teller und tut so, als würde sie kosten):
  „Oh, das ist ja eine leckere Pizza. Möchtest du auch mal probieren?“
  Kind: (tut so, als ob es essen würde) „Mmmmmm.“
  Erzieherin: „Sollen die Puppen auch mitessen?“
  Kind: „Ja, Puppa auch.“ Es holt eine Puppe, füttert sie im Spiel und kommentiert: „Lecker.“
  Dann kommt ein anderes Kind hinzu. Dieses Kind bekommt ebenfalls ein Stück Pizza gereicht.
- *Variante:* Weitere Möglichkeiten für „Küchen- und Haushaltsspiele“: Tisch decken, Geschirr abwaschen, Puppenwohnung fegen, Staub wischen, Wäsche waschen, Puppe waschen, wickeln, aufs Töpfchen setzen ...

Telefonieren

Alter:
ab 1 ½

Material:
1–2 ausrangierte Telefone
Für die Variation:
Pappröhren, Schläuche

Die Idee: Auf kleine Kinder übt Telefonieren eine magische Anziehungskraft aus. Manche gehen zu Hause ans Telefon, melden sich mit „Hallo, wer bist du?“, mischen sich in Telefonate der Eltern ein, experimentieren in unbeobachteten Augenblicken mit Hörer und Tasten. Nutzen Sie das beliebte Instrument „Telefon“ für spielerische Sprachförderung.

Spielimpulse:

- Überlassen Sie den Kindern ein Telefon zum freien Spiel.
- Für Babys gibt es Spieltelefone mit bunten Knöpfen und Klingel. Hier sind zunächst Geräusche und Tasten interessant. Ältere Kinder können ausrangierte Telefone der Erwachsenen benutzen. Oft werden erst die Tasten ausprobiert. Dann wird das nachgespielt, was die Großen tun: hineinsprechen!
- Sie können in ein solches Spiel „einsteigen“, indem Sie mit einem zweiten Telefon agieren. „Hallo, hallo, Lena ...!“
- Mit älteren Kindern können Sie sich richtig unterhalten. So ergeben sich auch Frage-Antwort-Spiele. Regen Sie die Kinder an, sich im Spiel gegenseitig „anzurufen“.
- *Variation:* In Pappröhren und Schläuche kann man hineinrufen. Mit einem langen Schlauch kann man „telefonieren“, indem sich ein Kind den Schlauch ans Ohr hält und das andere hineinspricht.

Teddy hat Geburtstag

Alter:
ab 2

Material:
Teddybär, Kerze, Streichhölzer, Wasserglas, Hocker, Kisten, Bretter, Tücher, diverse Gegenstände (als Geschenke für Teddy), evtl. altes Papier oder kleine Kartons/Dosen

Die Idee: Motivation für dieses kleine Rollenspiel könnte ein Kindergeburtstag sein, den die Kinder in der Gruppe oder zu Hause erlebt haben. Wie wäre es mit einer Geburtstagsfeier für Teddy oder für eine Puppe? Sind die Kinder interessiert?

Spielimpulse:

- Es könnte sich ein Spiel entwickeln mit folgenden Handlungsteilen:
  - → Die Kinder decken einen Tisch (Handtuch über Hocker oder Pappkarton legen).
  - → Die Erzieherin zündet ein Teelicht an und stellt es in ein Wasserglas.
  - → Die Kinder stellen das Glas mit der Kerze auf den Geburtstagstisch.
  - → „Heute hat Teddy Geburtstag. Was wollen wir ihm schenken?", fragt z. B. die Erzieherin.
  - → Die Kinder machen Vorschläge: Ente, Ball, Auto ...
  - → Die Geschenke werden zusammengesucht, in Dosen/Kisten gepackt. Ältere Kinder wickeln sie vielleicht in altes Papier.
  - → Nun singen alle ein Geburtstagslied und klatschen dazu.
  - → Dann helfen die Kinder beim Auspacken der Geschenke, nennen noch einmal die Namen der Spielzeuge, die Teddy geschenkt bekommen hat.
- Wie könnte sich das Spiel weiterentwickeln?

PRAXISTIPP

SOZIAL-KOMMUNIKATIVE ENTWICKLUNGS-PROZESSE STÄRKEN

Bereits gegen Ende des ersten Lebensjahres sind Kinder in der Lage, ihre Aufmerksamkeit zwischen einem Gegenstand und der Bezugsperson zu wechseln (Dreieck „Ich-Du-Gegenstand"). Ihr Blick wandert dabei zwischen der Person und dem Gegenstand hin und her (Triangulärer Blickkontakt). Daraus ergeben sich Spielhandlungen, die zusehends komplexer werden: Die Aufmerksamkeit wechselt z. B. zwischen Bezugsperson und Ball oder zwischen Bezugsperson und Bausteinen hin und her.
Die Verständigung erfolgt nicht nur über Blicke, sondern auch über Gesten, Laute, Wörter/Sätze.
Seien Sie offen für kommunikative Situationen. Sprechen Sie einzelne Kinder an und/oder lassen Sie sich ansprechen und in Spielhandlungen einbeziehen. Geben Sie während des Spielens sprachliche Inputs („Toll, du hast die Bausteine gestapelt!").

Verkleiden

Alter:
ab 2½

Material:
Kiste mit alten Kleidungsstücken, verschiedene Tücher, Schals, Hüte, Ketten, Handtaschen usw., großer Spiegel

Die Idee: Überlassen Sie den Kindern (alte) Kleidungsstücke zum freien Spiel. Beobachten Sie, wie sie damit umgehen, vielleicht einen Hut aufprobieren, einen Schal umlegen usw.

Spielimpulse:

- Betrachten im Spiegel stärkt die Selbstwahrnehmung.
- Zudem können sich Kinder untereinander über Gesten und Sprache verständigen.
- Kleidungsstücke und Zubehör (Handtaschen, Ketten) können zu Requisiten bei „Als-ob-Spielen" und Rollenspielen werden.
- Bei Interesse für Kleidungsstücke und Verkleiden bietet sich das folgende Spiellied an:

  Jetzt zieht Hampelmann,
  jetzt zieht Hampelmann
  sich seine Hose an.
  Oh du mein Hampelmann,
  mein Hampelmann, mein Hampelmann,
  oh du mein Hampelmann,
  wie schön, wie schön bist du.

- Die Kinder stehen im Kreis und ziehen sich pantomimisch eine Hose an. Bei „oh du mein Hampelmann" klatschen sie, hüpfen und springen dazu.
- Fragen Sie die Kinder, was der Hampelmann sonst noch anzieht. Setzen Sie das Bewegungsspiel mit anderen Kleidungsstücken fort („Jetzt zieht Hampelmann sich seine Jacke, Mütze … an").

Einkaufen

Alter:
ab 2 ½

Material:
–

Die Idee: Wenn Sie mit den Kindern draußen einen Spaziergang machen, so ergeben sich vielfältige Anlässe für Sprachförderung.

Spielimpulse:

- Wir betrachten die Auslagen in einem Schaufenster und erzählen dazu.
- Wir bleiben an einem Marktstand stehen, benennen Obst und Gemüse, kaufen vielleicht etwas.
- Oder wir gehen in den Supermarkt, nennen die Namen einiger Lebensmittel, legen sie in den Einkaufswagen und dann an der Kasse aufs Band, helfen beim Einpacken (in der Kita wird ausgepackt und vielleicht eine Kleinigkeit selbst gekocht).
- Aus diesen Erfahrungen können sich „Als-Ob-Spiele" entwickeln. In einer Spielecke in der Kita gibt es dafür vielleicht eine alte Kasse, dazu Kisten und Bretter, alte Dosen, Verpackungen, Material zum Ein- und Umfüllen (Kastanien, Nüsse ...), Imitationen von Lebensmitteln, Schaufeln, Körbchen, ein Mini-Einkaufswagen.

Tipp:

Kleine Kinder spielen „themen- und raumübergreifend". So können auch Materialien aus der Küche, Puppenwohnung, Verkleidungskiste usw. einbezogen werden.

Aufladen, abladen: von Autos und Baustellen

Alter: ab 1 ½

Material: Karton, Rollbrett, Wäschekorb, Puppenwagen, Schubkarre, Bausteine, Dosen/Schachteln, Altpapier, Blätter

Die Idee: Kleinkinder lieben Transportspiele.

Spielimpulse:

- Regen Sie das Kind dazu an, Gegenstände in einen Karton bzw. auf ein Rollbrett zu laden. Auch Wäschekorb, Rutschauto mit Hänger, Buggy und Schubkarre kann man beladen. All die Materialien fördern Experimentierspiele und sprachliche Äußerungen.
- Fahrzeuge machen Geräusche: „Tut-tut-tut-tut“, ... „brrrrr, brrrrr, brrrrr“ – Ermutigen Sie die Kinder, ihr Spiel mit Lautäußerungen zu begleiten!
- Auch Präpositionen können beim Fahren und Bauen spielerisch geübt werden: Wir fahren **auf** der Straße, ... **unter** einer Brücke durch, ... laden Steine **auf** den Lkw ...

Tiere wollen fressen

Alter:
ab 1½

Material:
Tiere aus Stoff oder Holz, Schälchen, dicke Perlen, Bausteine, Muscheln, Kastanien

Die Idee: Gern lassen Kinder Tiere miteinander sprechen. Regen Sie die Laut- und Wortbildung an, indem Sie z.B. „wau-wau", oder „piep-piep" sagen. Reagieren die Kinder ebenfalls mit Lautbildung?

Spielimpulse:

- Suchen Sie in der Gruppe mit den Kindern Stoff- oder Holztiere zusammen. Jedes Tier soll „Futter" bekommen.
- Fragen Sie die Kinder, was ein Hund, eine Katze oder ein Vogel frisst oder trinkt.
- Suchen Sie Materialien zusammen (Kastanien, Nüsse ...), die in Schälchen gefüllt und den Tieren angeboten werden.

Tipp:

Wer baut ein Gehege aus Bausteinen/ Latten oder einen Stall aus einem Karton? Überlassen Sie den Kindern die Szene zum freien Spiel!

Noch mehr Ideen für Kinder unter 3 Jahren

Mareike Völkel
Spielen mit Krippenkindern: Morgenkreis
48 Seiten | Geheftet
ISBN 978-3-451-39400-3

Mit neuen Ideen für den Morgenkreis durch das Jahr. Diese 14 Impulse für den Morgenkreis mit Kindern sind praxiserprobt und speziell auf die Bedürfnisse der Jüngsten zugeschnitten. Einfache und schöne Anregungen, wie der Start in den Tag mit Krippenkindern gelingt.

Nicole Hanck
Spielen mit Krippenkindern: Draußen
48 Seiten | Geheftet
ISBN 978-3-451-39455-3

Wo geht das Entdecken mit allen Sinnen besser als in der freien Natur? In diesem mit zahlreichen Farbfotos übersichtlich gestalteten Praxisbuch erfahren pädagogische Fachkräfte, wie sie die Entdeckungsreisen von Krippenkindern im Lauf der Jahreszeiten bewusst gestalten und begleiten können.

Mareike Völkel
Spielen mit Krippenkindern: Mit Ritualen durch den Tag
48 Seiten | Geheftet
ISBN 978-3-451-39084-5

Wiederkehrende Rituale und Routinen erleichtern gerade den Jüngsten die Orientierung im oft trubeligen Alltag. Die 13 einfach umsetzbaren Ideen von Mareike Völkel zum Ankommen, Essen, Wickeln, Trösten etc. begleiten Krippenkinder durch den Tag.

In jeder Buchhandlung!

HERDER

www.herder.de